LEONIE HAUG
Suche Wohnung für mich und meine Möpse

Buch

Wohnst du schon oder suchst du noch? Die Wohnraumknappheit in Großstädten ist sprichwörtlich – und sie treibt absurde Blüten. Wer heute in einer großen deutschen Stadt wie München, Berlin, Hamburg, Köln, Düsseldorf, Frankfurt oder Stuttgart auf Wohnungssuche geht, der kann was erzählen. Und selten Positives. Massenbesichtigungstermine, finstere Löcher zu Wucherpreisen, unverschämte Ablöseforderungen, horrende Maklerprovisionen, renovierungsbedürftige Bruchbuden sind da noch das Geringste – und am Ende muss man froh sein, wenn man seine Unterschrift unter einen Mietvertrag setzen darf, mit dem man förmlich seine Seele verkauft.

Mit spitzer Feder bringt Leonie Haug kuriose, unverschämte, aber auch spannende, schöne und sogar romantische Wohnungssuch-Erlebnisse aufs Papier und zeichnet ein drastisches, realitätsnahes Bild von der Wohnsituation in Deutschland.

Autorin

Leonie Haug ist das Pseudonym einer erfolgreichen Münchner Autorin, die seit über zehn Jahren Sachbücher und Romane veröffentlicht. Sie ist bekannt für ihren humorvollen Ton, mit dem sie die verschiedensten Themen auf den Punkt bringt. Der harte Kampf um eine bezahlbare Mietwohnung in München, in den sie sich voller Elan und (vermeintlich) gut bewaffnet stürzte, hat sie zu diesem Buch inspiriert.

Besuchen Sie uns auch auf www.facebook.com/blanvalet und www.twitter.com/BlanvaletVerlag

LEONIE HAUG

Suche Wohnung für mich und meine Möpse

Die wildesten Geschichten von Mietern, Maklern und Mitbewohnern

blanvalet

Verlagsgruppe Random House FSC® N001967
Das FSC®-zertifizierte Papier *Holmen Book Cream* für dieses Buch
liefert Holmen Paper, Hallstavik, Schweden.

1. Auflage
Originalausgabe Oktober 2015 bei Blanvalet, München,
einem Unternehmen der Verlagsgruppe Random House GmbH
Copyright © 2015 by Verlagsgruppe
Random House GmbH, München
Umschlaggestaltung: semper smile, München
Umschlagmotiv: © Shutterstock/Maaike Boot
Redaktion: Lisa Bitzer
wr · Herstellung: sam
Satz: Uhl + Massopust, Aalen
Druck und Einband: GGP Media GmbH, Pößneck
Printed in Germany
ISBN: 978-3-7341-0006-2

www.blanvalet.de

INHALT

VERZWEIFLUNG IST, WENN MAN TROTZDEM MIETET

Vorwort

»Hamburg ist eine Katastrophe«, war das Erste, was die fünfunddreißigjährige Bibliothekarin Annett zu mir sagte, als ich sie für dieses Buchprojekt zum Interview traf.

Nun könnte man »Hamburg« derzeit durch jede andere deutsche Großstadt (und sicher so manche Klein- oder Studentenstadt) ersetzen, und der Satz wäre immer noch genauso richtig. Die Lage auf dem städtischen Wohnungsmarkt ist nach wie vor katastrophal, und es sieht nicht aus, als würde sich, trotz Mietpreisbremse und anderer Maßnahmen, in absehbarer Zeit etwas daran ändern.

Einerseits kann man jene (na ja, zumindest manche) Vermieter verstehen, die einen Makler beauftragen oder die Miete so hoch ansetzen, dass sie sich kein Normalsterblicher mehr leisten kann. Wem schon einmal ein Mietnomade die als Kapitalanlage fürs Alter gedachte Wohnung komplett verwüstet hat, ohne auch nur einen Cent Miete zu zahlen, der wird beim nächsten Mal sicher ganz genau hingucken wollen, wen er sich ins Haus holt. Besonders wenn man in der komfortablen Lage ist, unter einer großen Zahl an Bewerbern aussuchen zu können. Nicht wenige entscheiden sich dann für den solventesten und damit in ihren Augen »besten« Mieter. Ausländer, Hartz-IV-Empfänger und Studenten bleiben dabei in aller Regel genauso außen vor wie kinderreiche Familien, Rentner und Haustierbesitzer. Manche Vermieter lassen ihre Wohnung sogar lieber leer stehen, als sie einem der hier Aufgezählten zu überlassen. Aber das sind zum Glück Einzelfälle.

Auf dem Land und in strukturschwachen Regionen sind dagegen etliche Wohnungen nicht vermietet – unfreiwillig. Während die Vermieter dort dankbar für jeden Interessenten sind und zum Teil sogar ein bis zwei Monate Mietfreiheit garantieren, damit jemand einzieht, ist die Situation auf dem Wohnungsmarkt in vielen deutschen Städten so angespannt wie nie. Günstiger Wohnraum ist ein mehr als knappes Gut und daher heiß umkämpft, weshalb die Suche nach bezahlbaren vier Wänden nicht selten in ein Drama mit kriegsähnlichen Zuständen ausartet. Ein jeder, der eine Wohnung braucht, kämpft mit harten Bandagen und versucht sich mit allerlei legalen – und immer öfter auch illegalen – Tricks einen Vorteil zu verschaffen.

Gut für die meisten Vermieter und Makler, die von der Misere der Wohnungssuchenden profitieren und von denen sich manche ohne Skrupel die Taschen vollmachen, sei es durch astronomische Mieterhöhungen, sei es durch unerlaubte Provisionsmodelle. Dem wurde inzwischen ein Riegel vorgeschoben, und zwar mit dem Gesetz zur Regelung von Mieterhöhungen, das am 1. Juni 2015 in Kraft getreten ist. Seit diesem Stichtag darf bei Neuvermietung in »Gebieten mit angespanntem Wohnungs-markt« die Miete nur noch maximal zehn Prozent höher liegen als die örtliche Vergleichsmiete. Einzige Ausnahmen: Neubauten und modernisierte Wohnungen. Darüber hinaus gilt für Makler das Bestellerprinzip, nach dem derjenige die Courtage übernimmt, der den Vermittler beauftragt hat.

Noch ist die Situation aber schlecht für die meisten Mieter, die sich um die Wohnungen prügeln und dabei zum Teil Unglaubliches erleben. Von Massenbesichtigungen mit bis zu hundert Teilnehmern über völlig heruntergekommene Buden und unverschämte Ablöseforderungen, Selbstauskunftsbögen, in denen man Informationen über sich preisgeben muss, die niemand freiwillig auf Facebook posten würde, unmöglichen Mitbewohnern, WG-Castings, gegen die Reality-Shows im Fernsehen wie harmlose Partyspiele aussehen, bis hin zu dreisten Maklern, die ihre Provision fürs Nichtstun einstreichen – fast jeder, der schon mal eine Wohnung gesucht hat, kann bei diesem Thema mitreden und hat eine ähnliche oder vergleichbare Geschichte zu erzählen.

In diesem Buch sind die drastischsten, widerlichsten, nervigsten, unverschämtesten, dreistesten, aber auch lustigsten, schrägsten und sogar romantischsten Erlebnisse rund um die Wohnungssuche versammelt. Die Schilderungen sollen keineswegs in Makler- oder Vermieter-Bashing ausarten, aber auch nichts beschönigen. Sie bilden lediglich die Realität ab und stellen einen Querschnitt durch das dar, was man heutzutage auf dem Mietmarkt so erlebt. Ich kann hier nur das wiedergeben, was die Menschen mir erzählt haben, und es überwiegen – wen wundert's? – die Negativ-berichte. Dennoch soll hier gewiss nicht verallgemei-nert oder pauschal geurteilt noch von Einzelfällen auf die Allgemeinheit geschlossen werden, und schon gar nicht soll der Unterhaltungswert zu kurz kommen.

In diesem Sinne viel Freude mit den »Möpsen« wünscht
Leonie Haug

SONNTAG, 03. MÄRZ – TAG 1

Status quo

Wunsch: *3 Zimmer ab 75 qm von privat (provisionsfrei!), kein EG, cooles Stadtviertel, Wohnküche, Etagenheizung, modernes Tageslichtbad inkl. Wanne, Südbalkon, großer Keller, separater Wasch- und Trockenraum, Tiefgaragenstellplatz und nette Nachbarn*

Budget: *1200 € Warmmiete*
Angerufene Makler: *0 (!!!)*   **Erhaltene Absagen:** *0*
Neue Angebote per Mail: *4*   **Besichtigungen:** *2*
Grad der Verzweiflung:
0 von 10   **Euphorie:** *300*

Eine schöne, halbwegs günstige Wohnung, am liebsten in Haidhausen oder Neuhausen, notfalls auch im Westend oder in Giesing – das müsste doch zu schaffen sein, denke ich optimistisch.

Zuversichtlich male ich mir aus, wie ich meine Traumwohnung (für weniger tue ich mir den aufwendigen Umzug selbstverständlich nicht an) einrichte und mir auf meinem Balkon die Sonne auf den Bauch scheinen lasse. Klar, ich wohne in München, der »Weltstadt mit Herz«, in der es nicht nur mir ge-

fällt, sondern auch ganz vielen anderen Menschen, die ebenfalls alle eine Wohnung brauchen. Das ist der Grund, weshalb diese Stadt zur teuersten in ganz Deutschland avanciert ist und die Mieten zum Teil in astronomische Höhen geklettert sind. Aber das klappt schon. Positiv denken! Immerhin habe ich keine lärmintensiven Kinder, Haustiere oder Feierabendbeschäftigungen, dafür aber einen festen Job und ein Gehalt, das sich durchaus sehen lassen kann. Für Vermieter also nicht ganz unattraktiv – abgesehen von meiner gewinnenden Art und meinem charmanten Lächeln, das immer und überall gut ankommt. Gut, ich habe noch dazu zwei Möpse – aber die haben andere Frauen auch.

Außerdem kommt's auf den persönlichen Einsatz an. Ich bin durchaus bereit, einen Großteil meiner Freizeit in die Wohnungssuche zu investieren. Und ich habe mir ein paar tolle Dinge ausgedacht, auf die hoffentlich nicht jeder kommt. Einem Makler werde ich jedenfalls kein Geld in den Rachen werfen, so viel steht schon mal fest.

Um warm zu werden, sammele ich sämtliche verfügbaren Wochenblättchen ein, lege Profile auf allen relevanten Internetportalen an und bombardiere meinen kompletten Mail-Verteiler mit einer Leonie-sucht-neue-Bleibe-Mail. Dazu ein echt witziger Facebook-Post, ein Instagram-Foto mit meiner selbst gezeichneten Traumwohnung und ein Tweet, der sich gewaschen hat. Wenn das für die Anlaufphase nicht reicht, dann weiß ich's auch nicht.

So, Leute, ihr könnt euch bei mir melden. Ich bin bereit für meine neue Traumwohnung.

DER KAMPF UM JEDEN QUADRATMETER

Was Mieter so erleben

Erziehung falsch verstanden

Nach meiner Ausbildung zur Erzieherin in der bayerischen Provinz wurde es mir zu eng bei meinen Eltern, und ich entschloss mich, in die nächstgrößere Stadt, nach Regensburg, zu ziehen, um eine Weiterbildung zu machen. München war damals schon sehr teuer und mir außerdem zu groß, in Regensburg gab es wegen der Uni viele junge Leute, und die Stadt gefiel mir schon lange.

Ich besorgte mir also drei verschiedene Zeitungen und sah die Anzeigen durch – das Internet gab es erst seit Kurzem, und Wohnungssuchportale mussten wie so vieles andere erst noch erfunden werden. Da nichts dabei war, was mir zusagte, gab ich schließlich selbst eine kleine Annonce auf. Ich hielt den Text relativ kurz, damit das Ganze nicht zu teuer wurde. »Erzieherin (22) sucht Einzimmerwohnung mit Balkon im Westenviertel, Innenstadt oder Stadtamhof bis 300 Mark warm«, lautete der Text, dahinter stand die Telefonnummer meiner Eltern.

Die Anzeige erschien an einem Samstag in der *Süd-*

deutschen. Ich hatte von Freitag auf Samstag bei einer Freundin übernachtet, und als ich gegen Mittag nach Hause kam, öffnete mir meine Mutter kreidebleich die Tür.

»Ist was mit Papa?«, fragte ich sofort.

Doch der kam in diesem Moment aus dem Wohnzimmer und meinte: »Wir müssen dringend mit dir reden!«

Die beiden führten mich zum Anrufbeantworter und spielten mir eine Nachricht nach der anderen vor, die mich immer blasser werden ließen. Bald sah ich ähnlich fahl aus wie meine Mutter.

»Seit gestern Abend um acht geht das jetzt schon so«, schimpfte mein Vater, und wie zum Beweis klingelte in jenem Augenblick das Telefon.

Zu dritt hörten wir zu, wie eine männliche Stimme aufs Band sprach: »Sie sind also Erzieherin, soso... Sie verstehen sich aufs Züchtigen, ja? Haben Sie denn auch eine Peitsche? Ich mag's, wenn man mich für meine kleinen Sünden hart bestraft.« Der Anrufer stöhnte, dann hinterließ er eine Nummer und legte auf.

Seit dem gestrigen Abend hatten insgesamt dreißig Leute angerufen, ausschließlich Männer. Sie hatten meiner Mutter ins Ohr gestöhnt, ihr dezente, aber auch sehr eindeutige Sexangebote gemacht, sie beschimpft, um Strafe und vieles Unaussprechliches mehr gebettelt. Irgendwann war nur noch mein Vater rangegangen, der sich anhören durfte, dass er eine sehr tiefe Stimme für eine Domina habe.

Meine Eltern ließen das Telefon zwei Tage lang durchklingeln, dann war der Spuk zum Glück vorbei. Am Montag ging mein Vater los und kaufte eine Trillerpfeife, die jedoch nicht mehr zum Einsatz kam.

14

Eine Wohnung in Regensburg habe ich damals schließlich über eine Bekannte gefunden – die hätte ich wahrscheinlich gleich fragen sollen.

Eine Erzieherin aus der Oberpfalz

Wo die Sonne immer scheint

Meine Firma ermöglichte mir, für ein halbes Jahr nach Spanien zu gehen, und zwar nach Málaga in Andalusien. Mein Arbeitgeber würde nicht nur sämtliche Kosten für die Wohnung übernehmen, sondern zahlte mir auch die Flüge sowie den ersten Aufenthalt bei der Suche. Im Gegenzug musste ich mich selbst um eine Unterkunft kümmern.

Voller Elan stieg ich an einem Wochenende im Oktober in den Flieger, vier Besichtigungstermine für Wohnungen in der verwinkelten Altstadt in Aussicht. Die ersten drei waren nichts, die vierte gefiel mir ganz gut. Nur nach der Heizung hielt ich vergeblich Ausschau.

»Haben Sie hier Fußbodenheizung?«, fragte ich hoffnungsvoll, obwohl die Wohnung technisch alles andere als auf dem neuesten Stand war.

»Nein, wo denken Sie hin!«, lautete die Antwort.

»Wie heizt man denn dann hier?«, hakte ich nach. Schließlich wusste ich, dass es im Winter an der Costa del Sol auch schon mal unter zehn Grad hat.

Die Vermieterin schien meine Sorgen nicht nachvollziehen zu können. »Och, bei uns scheint fast immer die Sonne«, meinte sie gelassen. »Da wird's einem nicht so kalt. Und falls doch, können Sie ja in eine Bodega gehen und sich bei einem Glas Rioja aufwärmen. Das ist eh geselliger, und Sie müssen doch Spanisch lernen.«

Stolz auf ihren tollen Einfall sah sie mich an. Und

konnte gar nicht verstehen, dass mich ihr Vorschlag absolut kaltließ.

Luisa aus Mannheim

Du auch hier?

Ich stehe gerade bei einer Wohnungsbesichtigung in der Küche und überlege, wie mein achtundsechzigteiliges Arzberg-Geschirr in die zwei Minihängeschränke passen soll, da tippt mir jemand auf die Schulter.

»Kennen wir uns nicht?«

Ich fahre herum, mustere die gut eins siebzig große, attraktive Blondine und überlege. »Kann sein«, antworte ich, während mein Hirn auf Hochtouren läuft.

»Ich weiß gerade auch nicht, von wo.« Sie lächelt. »Aber ich komme bestimmt gleich drauf.«

»Entschuldigung, kann ich da auch mal hin? Ihr seid nicht die Einzigen«, motzt uns ein Typ mit Nerd-Brille an und quetscht sich an mir vorbei.

Es ist wirklich sehr eng hier, mit gut fünfzig Leuten, die der Makler alle in einem Aufwasch durch die Eineinhalbzimmerwohnung schleust. Trotzdem muss man nicht so einen Affentanz veranstalten.

»Unsympath«, zische ich und schiebe mich weiter ins Wohn-Schlaf-Zimmer, in dem es zugeht wie in einem Ameisenhaufen.

Nicht mal mit der Fantasie meines Lieblingsautors Terry Pratchett könnte ich mir ausmalen, wie meine Möbel in den nahezu quadratischen Raum passen sollen. Man kann ja nicht mal die Ecken sehen vor lauter ach so interessierten Menschen, die um den dauergrinsenden Makler herumschwirren und vor ihm katzbuckeln. Echt widerlich!

»Ich hab's!«, ruft die Blondine neben mir und reißt mich aus meinen Gedanken. »Du bist doch die Ex vom Flo.«

BAMM!

Noch widerlicher. An Flo hab ich seit Jahren nicht gedacht. Aus gutem Grund. Der hat mich damals sitzenlassen wegen so einer dämlichen...

Moment mal!

»Aber du bist nicht etwa...«, setze ich an, komme allerdings nicht weit.

»Doch. Ich bin Sandra, inzwischen ebenfalls Ex.«

Sie strahlt mich an, als würde uns das automatisch zu besten Freundinnen machen – nur weil wir uns mal den gleichen Mann geteilt haben. Unwissentlich, zumindest von meiner Seite.

»Flo ist echt der letzte Arsch, der hat mich doch glatt...«

»Wegen 'ner anderen sitzenlassen?«, vollende ich den Satz, und urplötzlich macht mein Grinsen dem des Maklers Konkurrenz.

Damit sind wir nun doch Verbündete und überlassen die schlecht renovierte Bude dem unsympathischen Nerd und all den anderen Witzfiguren, die dem Makler dafür ein Stück den Enddarm raufkriechen werden. Wir verbringen die Zeit sinnvoller und gehen stattdessen einen Kaffee trinken.

Anna aus Bielefeld

Wenn der Prophet nicht zum Berg kommt...

Unsere Dreizimmerwohnung war zu eng für uns und die beiden Kinder geworden, und wir wollten ein Reihenhäuschen für unsere kleine Familie mieten. Unverschämterweise mit einem Gartenanteil, der etwas größer ist als ein Saunatuch. Nach fast zweijähriger vergeblicher Suche per Makler, Internet und Mund-zu-Mund-Propaganda kam mein Mann auf eine tolle Idee. Er verfasste einen Steckbrief, in dem er uns vorstellte, packte die zwei schönsten Familienfotos dazu und druckte das Ganze gut fünfzigmal aus. Die nächsten vier Wochenenden liefen wir durch jene Straßen, in denen wir gern wohnen wollten, und warfen unsere »Werbung« in die Briefkästen. Tatsächlich meldete sich daraufhin eine ältere Dame bei uns, die nun seit einem halben Jahr unsere neue Vermieterin ist.

Anne aus Freising

Nix wie weg

Als ich letztes Jahr eine neue Wohnung suchte, war ich erst genervt, als ich hörte, dass es einer von diesen Massenbesichtigungsterminen sein würde. Im Nachhinein bin ich aber heilfroh drum.

Die Haustür stand sperrangelweit offen, und im zweiten Stock gaben sich die Leute die Klinke in die Hand, weshalb ich nicht klingeln musste. Ich begrüßte den Makler und wollte gerade das Bad inspizieren, da hörte ich eine mir bekannte Stimme und linste um die Ecke. Stand da doch tatsächlich mein miesester One-Night-Stand aller Zeiten und erklärte einem Typen, wie viel Ablöse er für seine Waschmaschine haben wollte!

Ich glaube, ich bin noch nie im Leben so schnell eine Treppe runtergelaufen wie an dem Nachmittag.

Sabine aus Krefeld

Dann lieber Platte

»Und wie oft gehen Sie so pro Tag zur Toilette?«

Ich glaub, ich hab mich verhört!

»Wat?« Die Kinnlade klappt mir runter.

Mein Gegenüber bleibt unbeeindruckt und wiederholt die bodenlose Unverschämtheit sogar noch mal.

»Na, wie viele Toilettengänge Sie pro Tag so machen. Und wie oft Sie duschen, wäre auch wichtig zu wissen. Das wirkt sich schließlich auf den Wasserverbrauch aus«, erklärt mir der Vermieter, ohne mit der Wimper zu zucken.

»Und bei mir wirkt sich dat auf die Laune aus! Komm, Clayd, wir sind hier falsch«, sag ich zu meinem Hund und lass den Kerl stehen.

Ich möchte wirklich dringend aus meiner Wohnung raus, aber alles lasse ich mir auch nicht gefallen, da mach ich lieber wieder Platte. Damals, als ich für ein Jahr auf dem Friedhof gelebt hab, war ich wenigstens frei. Nach insgesamt fünf Jahren unter freiem Himmel hab ich zwar seit 2011 wieder ein Dach über dem Kopf, aber damit haben die Probleme erst angefangen. Inzwischen bereue ich meine Entscheidung – wäre ich lieber mal obdachlos geblieben! Aber das geht ja leider nicht mehr, der Gesundheit wegen.

Mit Wohnung hab ich mehr Probleme als ohne. Es bedeutet viel mehr Stress – und weniger Geld. Als Wohnungsloser hat man die gleichen Hartz-IV-Bezüge wie mit Mietvertrag. Zwar zahlt das Amt die Miete, aber mein Warmwasser läuft über Strom – ganz schön teuer, und das muss ich selbst zahlen. Dazu GEZ und was weiß ich noch alles, das kriegt man irgendwann nicht mehr auf die Kette.

Zu allem Überfluss hab ich einen Lungenschaden und komme die Treppe bis zu mir in den dritten Stock nicht mehr hoch. Ich muss also dringend hier weg. Ich fühl mich in dem Haus sowieso nicht wohl. Im Treppenhaus fällt der Putz von den Wänden, die Nachbarn sammeln ihren Müll im Flur, es gibt Ungeziefer, und wenn's regnet, steht der Keller voller Wasser.

Als Straßenverkäuferin vom *Draußenseiter*, dem Kölner Obdachlosenmagazin, verdiene ich mir zwar was dazu, aber es reicht hinten und vorn nicht. Und dann gibt's da noch Clayd den Rumänen, mein Ein und Alles. Der kostet natürlich auch Geld, vor allem seit er krank ist und Spezialfutter braucht. Aber das ist mir egal. Lieber ess ich nix, als dass ich ihn hungern lasse.

Der Schäferhund-Collie-Husky-Mischling ist drei Jahre alt, gut zwanzig Kilo schwer und fünfundfünfzig Zentimeter groß. Damit ist er kein Kleintier, das der Vermieter dulden muss, und deshalb oft nicht gern gesehen. Mit Hund hat man sowieso schlechte Karten, egal wie groß er ist. Es könnten sich ja die Nachbarn beschweren – über den Dreck oder den Lärm. Die meisten Vermieter sagen deshalb gleich Nein. Dabei würd ich niemals meinen Hund gegen eine Wohnung eintauschen. Mein Clayd wird nicht abgeschafft. Der bleibt bei mir. Schluss, aus, Micky Maus!

Ich weiß, meine Chancen auf 'ne schöne Wohnung waren noch nie gut. Nicht nur wegen Clayd. Nicht nur wegen meiner Vorgeschichte, die ganz bestimmt nicht klingt wie aus dem Bilderbuch. Sondern auch weil die Vorgaben vom Amt echt realitätsfremd sind. Als Alleinstehende stehen mir höchstens fünfzig Quadratmeter zu, die nicht mehr als vierhundert Euro kosten dürfen – mit Nebenkosten. Und das in Köln. In der Preisklasse gibt's nix. Ich hab zwar 'nen Wohnberechtigungsschein, aber der hilft mir auch nicht weiter. Wenn die Wohnungsbaugesellschaften ihre Listen nicht ohnehin zugemacht haben, gibt es Wartezeiten von fünf Jahren und mehr. Vielleicht leb ich bis dahin ja gar nicht mehr.

Aber in Beton eingesperrt zu sein find ich sowieso irgendwie menschenunwürdig, das macht für mich keinen Sinn. Deswegen ist das Thema Wohnung für mich abgehakt. Wenn man einmal draußen gelebt hat, hält man das nicht so gut aus, das Leben im Schuhkarton. Daher bin ich auf der Suche nach 'nem Wohnwagen, 'nem Container oder 'nem Bauern, der mir seine Wiese zur Verfügung stellt. Da kann ich dann wenigstens so oft aufs Klo gehen, wie ich will, und muss niemandem Rechenschaft darüber ablegen.

Kölsche Linda mit Clayd, Köln

Schon gewusst? Die häufigsten Miet-Irrtümer und was tatsächlich Sache ist

Nicht immer ist das, was Ihr Vermieter behauptet, auch wahr. Schon so manches Gerücht, das in aller Munde ist, hat sich hinterher als falsch herausgestellt, und auch der eine oder andere Paragraph, der sich in fast jedem Mietvertrag findet, ist nichtig. Wer seine Rechte als Mieter nicht genau kennt, zahlt häufig unnötig drauf.

Gerücht: Nach 22:00 Uhr darf man nicht mehr duschen.

Wahrheit: Falsch! Ein im Mietvertrag festgeschriebenes Nachtduschverbot ist ungültig. Hierzulande darf jeder baden und duschen, wann er will – auch mitten in der Nacht. Nur eines ist zu beachten und inzwischen sogar per Gerichtsentscheid geregelt: Aus Rücksichtnahme auf die Nachbarn sollte man das Wasser nach 22.00 Uhr höchstens dreißig Minuten laufen lassen.

— — — — — — — —

Gerücht: Steht eine Wohnung in einem Mehrfamilienhaus leer, darf der Vermieter eventuell entstehende Kosten auf die anderen Mieter umlegen.

Wahrheit: Falsch! Selbst wenn die Wohnung ein ganzes Jahr lang unvermietet bleibt, ist es dem Vermieter nicht erlaubt, die Betriebskosten für Wasser, Abwasser, Müllabfuhr, Strom, Hausbeleuchtung und Aufzug den anderen Mietern in Rechnung zu stellen.

— — — — — — — —

Gerücht: Der Vermieter darf die Kaution nach eigenem Dafürhalten behalten.

Wahrheit: Falsch! In diesem Fall kann im Mietvertrag stehen, was will – derartige Klauseln sind nicht rechtskräftig. Sofern im Übergabeprotokoll beim Auszug keine Schäden festgehalten werden, für deren Behebung der Mieter aufkommen muss, und sämtliche Nebenkosten bezahlt sind, ist der Vermieter verpflichtet, die Kaution samt Zinsen ohne Wenn und Aber innerhalb von sechs Monaten zurückzuzahlen.

Gerücht: Die Maklerprovision muss man immer zahlen.

Wahrheit: Falsch! Grundsätzlich müssen Sie keine Provision bezahlen, wenn Sie z. B. über den Vormieter an eine Wohnung kommen und bei der Vertragsunterzeichnung dann auf einmal ein Makler dabei ist, der die Hand aufhält. Genauso wenig darf der Vormieter eine Vermittlungsprovision von Ihnen verlangen. Zahlen müssen Sie den Makler nur, wenn Sie eine sogenannte Maklervereinbarung unterschrieben haben. Die Krux bei der Sache: Wer sich weigert, hat in der Regel keine guten Karten. Weitere Infos hierzu auch unter → Vorsicht, Falle!

— — — — — — — — — —

Gerücht: Die Waschküche zählt zur Wohnfläche dazu.

Wahrheit: Falsch! Im Gegensatz zu einem Balkon oder einer Terrasse, die mit der halben Quadratmeterzahl in die Berechnung der Wohnfläche einfließen, ist dies bei Räumen, die außerhalb der Mietwohnung liegen, nicht erlaubt. Im Mietvertrag sollten also weder das Kellerabteil noch der Tiefgaragenstellplatz oder ein Wasch- bzw. Trockenraum in der Gesamtquadratmeteranzahl zu finden sein. Falls doch, so ist dies unzulässig.

Die perfekte Performance

Ich komme gerade mal wieder von einem Besichtigungstermin, da läuft in der Nähe vom Sendlinger Tor ein Typ mit blondem Wuschelkopf und riesigen roten

Kopfhörern auf mich zu. Im Vorbeigehen denke ich noch, der sieht ein bisschen aus wie Jens, den ich aus meiner Schulzeit in Mainz kenne.

Keine drei Meter weiter ruft jemand meinen Namen, und ich drehe mich um.

»Lena, bist du das?«, fragt er, und damit ist alles klar.

»Hey, Jens, wie cool ist das denn? Was machst du hier in München?«

»Hab 'nen Job gefunden bei BMW und brauche jetzt 'ne Wohnung. Bock auf 'nen Kaffee?«

»Klar!«

Wir gehen in die nächstbeste Kaffeebar, und nachdem wir uns die letzten sieben Jahre aus unserem Leben im Schnelldurchlauf erzählt haben, kommen wir auf das Thema »München und freie Wohnungen« zu sprechen. Wir sind uns einig, dass es in dieser Stadt so gut wie unmöglich ist, etwas Ordentliches zu finden. Beide würden wir am liebsten in eine WG ziehen, doch die meisten Vermieter bekommen allein bei dem Wort eine Mehrfachallergie.

»Also dann«, verabschiede ich mich nach über zwei Stunden, »wenn du was hörst, meldest du dich bei mir und umgekehrt genauso.«

»Alles klar, viel Glück.«

Eine Woche später entdecke ich eine Anzeige im Internet, die absolut super klingt. Nur leider hat sie einen riesengroßen Haken, denn es steht ausdrücklich dabei: »Keine WGs!« Allein kann ich mir die Wohnung beim besten Willen nicht leisten, und während ich noch überlege, wo ich so kurzfristig einen Scheich zum Heiraten herbekommen soll, kommt mir eine ganz andere Idee. Ich rufe Jens an.

»Klar, das machen wir«, sagt er begeistert, als ich ihm meinen Vorschlag unterbreite.

Prompt bekommen wir einen Besichtigungstermin und sehen uns in den drei Tagen bis dorthin täglich – um uns näher kennenzulernen. Wir haben nämlich beschlossen, uns als Paar auszugeben, und müssen üben.

»Wie viele Geschwister hast du noch mal?«, frage ich. »Und wie heißt deine älteste Schwester?«

Dann er: »Deine Mutter war Hausfrau, oder? Und dein Vater Architekt? Oder Bauingenieur? Wie war das noch mal? Und leben deine Großeltern eigentlich noch?«

»Schläfst du lieber bei offenem oder geschlossenem Fenster?«

So geht es drei Abende lang, und am Ende haben wir vergessen, wie wir heißen. Dafür wissen wir aber alles vom anderen. Bestens vorbereitet gehen wir zu dem Besichtigungstermin und geben alles. Wir waren wirklich gut und haben performed wie die Profis. Die Wohnung hat dann leider trotzdem jemand anders bekommen.

Lena aus München

Ein wenig stilles Örtchen

Als eingefleischter Fan von Rock am Ring bin ich einiges gewöhnt und echt flexibel, was das Duschen und die Toilettenbenutzung angeht. Und als Student kann man sich nun mal keine Luxusbude leisten – so viel ist auch klar. Trotzdem staune ich nicht schlecht, als ich eine Wohnung in der Nähe der Uni besichtige.

Die Gemeinschaftsdusche, die irgendein Hobbybastler auf halber Treppe in einer umfunktionierten Abstellkammer zusammengezimmert hat und die man sich mit den drei Mitmietern auf der Etage teilen soll, lasse ich mir ja noch gefallen. Nur die Toilette auf dem Balkon? Noch dazu von zwei Wohnungen zugänglich und auf beiden Seiten mit einem Riegel zu verschließen? Dass ich den winzigen unbeheizten Raum, der auf jeder Seite eine Tür hat, mit meinem direkten Nachbarn zusammen nutzen müsste, ist das Eine – und schlimm genug. Aber als der Vormieter mir erzählt, dass eben jener Nachbar ständig vergisst, die Tür auf meiner Seite des Balkons hinterher wieder freizugeben, ist die Entscheidung bei mir gefallen. Das kann ich echt nicht brauchen, dass ich nachts heimkomme und nicht aufs Klo kann, weil der Herr Nachbar mir im buchstäblichen Sinn den Riegel vorgeschoben hat.

Lars aus Lübeck

Tierische Bedrohung

Die beste Begründung, warum wir als Katzenbesitzer nicht für eine Wohnung infrage kommen, lautete: »Das geht nicht, wir müssen darauf achten, dass die Haussubstanz erhalten bleibt.«

Ist schon klar. Unser Stubentiger mit seinen gestutzten Krallen stellt für das »hochwertige Parkett« vom Restposten-Sonderverkauf beim Discounter eine echte Bedrohung dar.

Ruth aus Emden

Selbst ist die Frau

Ich wusste, dass es schwer werden würde, in München eine Wohnung zu finden, daher habe ich von Anfang an gleich alles probiert. Unter anderem bin ich gezielt durch die Straßen gestreift und habe in Häusern, die mir gefielen – ich wollte unbedingt im Altbau wohnen –, einfach geklingelt. Wenn man »Post!« in die Gegensprechanlage ruft, macht einem ja so gut wie immer jemand auf. Am Schwarzen Brett im Hausflur habe ich mir dann die Nummer der Hausverwaltung abgeschrieben und angerufen.

In neunzehn von zwanzig Fällen habe ich zwar eine Absage kassiert, aber einmal sagte die Dame am Telefon in breitestem Bayerisch zu mir: »In dem Haus hamma nix, aba Sie hamm a Glück. Mia hamm da no a anders Objekt, füa des i vor zehn Minut'n a Kündigung auf'n Disch kriagt hob. Wenn'S woin, kenna'S Eana de Wohnung oschaugn.«

Verstanden habe ich die Frau zwar kaum, aber das war wohl kein Hindernis. Es hat nämlich tatsächlich geklappt, ich lebe noch heute in der Wohnung.

Eine »Zugroaste« aus München

Tauschgeschäft

Warum nicht tauschen?, dachte ich, als ich mir nach der Trennung von meinem Mann eine neue Wohnung suchen musste. Er war schon ausgezogen, aber trotz Halbtagsjob und Unterhalt war die schöne Vierzimmerwohnung, in der wir die letzten Jahre gemeinsam gelebt hatten, zu teuer für mich. Zumal ich auch räumlich Abstand gewinnen wollte zu dem Beziehungschaos, das sich darin am Ende abgespielt hatte. Für mich und meine siebenjährige Tochter waren zwei Zimmer genug, eins für sie und ein Wohn-Schlaf-Zimmer für mich. Ich hatte da schon eine tolle Ausziehcouch im Auge, die würde mir reichen.

Da ich keine Lust auf Makler und Massenbesichtigungen hatte, machte ich ein paar schöne Fotos, schrieb einen netten Text, stellte beides auf tauschwohnung.com ein und wartete ab.

Es dauerte keine fünf Minuten, da kam auch schon die erste E-Mail. Ein junges Paar, das seit fast einem Jahr erfolglos suchte, schrieb mir eine geradezu verzweifelte Mail. Sie war schwanger mit Zwillingen, und der Geburtstermin rückte immer näher. Zu diesem Zeitpunkt hausten sie noch in seiner ehemaligen Studentenbude und wollten unbedingt vor der Niederkunft umziehen. Die junge Frau schilderte mir so lebhaft, wie gern sie ein Zimmer für ihre »beiden Mäuse« einrichten wolle, dass mir glatt die Tränen kamen.

Spontan rief ich die Handynummer an, die sie mir gemailt hatte, und wir waren uns sofort sympathisch. Gleich am nächsten Tag besichtigten wir gegenseitig unsere Wohnungen und besiegelten den Deal per Handschlag. Ungeachtet aller Kündigungsfristen konnten wir dank unserer netten Vermieter zum nächsten Monatsersten die Wohnungen tauschen. Wir einigten uns darauf, dass jeder seine neuen vier Wände selbst renoviert, und teilten uns sogar den Umzugswagen.

Seither sind anderthalb Jahre vergangen, wir sind inzwischen gut befreundet. Neulich fragten mich die beiden, ob ich Taufpatin von einem der Mädchen werden wolle. Na klar!

Helena aus Trier

Bürgschaft andersrum

Studenten haben bei der Wohnungssuche oft größere Chancen, wenn Sie dem Vermieter eine Elternbürgschaft vorlegen. Dass auch ältere Menschen ein unüberschaubares Risiko für Wohnungseigentümer darstellen, war mir nicht bewusst, bis ich selbst nach einer kleinen Parterrewohnung suchte, um mir das Treppensteigen zu ersparen.

Der Makler sagte zu mir: »Siebzig sind Sie? Oje! Haben Sie denn Kinder?«

»Ja, einen Sohn und eine Tochter«, erwiderte ich verdattert.

»Dann brauchen wir eine Bürgschaft, dass die sich um Sie kümmern und dafür sorgen, dass die Wohnung nicht verwahrlost, wenn Sie mal nicht mehr können.«

Der denkt ja weiter als ich, war mein erster Gedanke. Doch da mir das Apartment gut gefiel, ließ ich mich auf die seltsame Forderung ein. Tatsächlich bekam ich die Wohnung – dank meiner Kinder, die die Bürgschaft bereitwillig unterschrieben.

Helmut aus Kassel

Drei Brötchen und eine Wohnung, bitte!

Als Alleinerziehende mit Kind hat man bei der Wohnungssuche ähnlich große Chancen wie auf sechs Richtige mit Superzahl, also knapp eins zu vierzehn Millionen. Ich suche mittlerweile seit drei Jahren, und wenn das so weitergeht, ändert sich an unserer Lage nichts, bis meine Tochter Abitur hat und auszieht. Dann sieht's vermutlich wieder besser aus.

Eine Freundin von mir, die sogar mit zwei Kindern auf der Suche ist, hatte dagegen mehr Glück. Sie hängte beim Bäcker um die Ecke einen von ihrem siebenjährigen Sohn gestalteten Zettel an die Pinnwand für Kundenmitteilungen. Während sie mit Tesafilm und Zettel hantierte, fing ihre Tochter im Kinderwagen an zu quengeln.

Eine ältere Dame beugte sich zu der Kleinen herunter. »Na, Schätzeken, wat haste denn?«, fragte sie und fing an mit dem Mädchen zu schäkern.

Prompt hörte die Kleine auf zu weinen und strahlte übers ganze Gesicht.

»Wie haben Sie das denn so schnell hinbekommen?«, fragte meine Freundin. »Meine Tochter hat's normalerweise nicht so mit Fremden.«

Die Dame lächelte verschmitzt. »Dat sin meine janz besonderen Omma-Qualitäten«, sagte sie.

Daraufhin kamen die beiden ins Gespräch, wobei sie auch über die angespannte Wohnungssituation redeten.

Die Frau verabschiedete sich schließlich, und meine Freundin kaufte noch schnell ein paar Brötchen. Als sie kurz darauf mit dem Kinderwagen aus der Bäckerei kam, wartete die alte Dame vor dem Laden auf sie.

»Wissen Sie wat, junge Frau?«, sagte sie zu meiner Freundin. »Ich hab mir da wat überlegt und möchte Ihnen einen Vorschlag machen. Wat halten Sie davon, wenn Sie bei mir einziehen? Ich hab ein großes Haus, in dem ett mir immer einsamer wird. Sie könnten die obere Etage haben, wenn Sie wollten.«

»Äh…«, war alles, was meine verdatterte Freundin herausbrachte.

Die beiden tauschten Telefonnummern, eine Woche später kamen die drei zum Kennenlernen vorbei, und seit fast einem Jahr lebt meine Freundin in der »besten Leihoma-WG aller Zeiten«, wie sie sich immer ausdrückt.

Seitdem kann ich an keinem Schwarzen Brett, egal ob im Supermarkt, im Mütterzentrum, im Café oder beim

Bäcker, vorbeigehen, ohne einen Blick darauf zu werfen. Wer weiß, vielleicht haben wir ja auch mal so großes Glück.

Katja mit Celina aus Essen

Purer Luxus

Eine Kollegin hatte mir einen Tipp gegeben, dass bei ihr im Nachbarhaus demnächst jemand ausziehe. Die Wohnung war fünfundsiebzig Quadratmeter groß und klang interessant, nur was sie kosten sollte, wusste ich nicht.

Ich bekam die Nummer der Verwalterin heraus und rief an.

Als ich nach der Höhe der Miete fragte, meinte sie: »Tausenddreihundert kalt. Können Sie sich den Luxus überhaupt leisten?« Und noch ehe ich antworten konnte, fügte sie hinzu: »Aber eigentlich vermieten wir sowieso nur an KPMG-ler.«

Für eine völlig überteuerte Wohnung auf Unternehmensberaterin umschulen wollte ich dann doch nicht.

Iris aus Frankfurt

Kaufen statt mieten? Die teuersten Wohnstraßen in Deutschland

So mancher überlegt bei den horrenden Mietpreisen, ob es sinnvoller wäre, eine Wohnung zu kaufen und die monatliche Summe nicht dem Vermieter in den Rachen zu werfen, sondern zur Tilgung des Kredits aufzuwenden. Ob sich das lohnt oder nicht, kommt auf den Einzelfall an und lässt sich nicht pauschal beantworten. Bei diesen Adressen geht die Rechnung aber eher nicht auf:

Platz 10
Am Zirkus, Werderscher Markt
Berlin-Mitte   15.000 €/qm

Platz 9
Harvestehuder Weg
Hamburg-Harvestehude   16.000 €/qm

Platz 8
Strandpromenade   Juist   16.400 €/qm

Platz 7
Maria-Theresia-Straße
München-Bogenhausen   18.000 €/qm

Platz 6
Königinstraße
München-Schwabing   20.000 €/qm

Platz 5
Seeuferstraße
Ammerland/Starnberger See   22.550 €/qm

Platz 4
Müllerstraße
München-Glockenbachviertel   25.000 €/qm

Südliche Seestraße
Ammerland/Starnberger See   25.000 €/qm

Platz 3
Heideweg, Wiesenweg
Kampen, Sylt   28.000 €/qm

Platz 2
Osterheideweg   Kampen, Sylt 30.000 €/qm

Platz 1
Hobokenweg   Kampen, Sylt 35.000 €/qm

Freunde fürs Leben

Seit über vier Monaten suche ich jetzt schon eine bezahlbare Wohnung und komme mir bei den Massenbesichtigungen meist vor wie auf einer Klonparty: Alle
hören dem Makler mit dem gleichen interessierten
Gesichtsausdruck zu, drücken ihm mit dem gleichen
grenzdebilen Lächeln und einem vorbereiteten Witz-
chen (mit in neunzig Prozent der Fälle identischem
Wortlaut) die geforderten Unterlagen in die Hand, finden selbst für die hässlichsten Vorkriegsfliesen oder den
abgenutztesten Boden noch lobende Worte (»Das Parkett hat echt Charakter!«) und verlassen die Wohnung
mit dem gleichen hoffnungsvollen Satz, der ihnen auf
der Stirn prangt: »Bitte, nimm mich!«

Nutznießer ist bei der Castingshow immer nur der
fett verdienende Makler, alle anderen gehen leer aus –

bis auf denjenigen, der den Zuschlag erhält, aber selbst der fühlt sich in manchen Fällen wie ein Verlierer. Spätestens dann, wenn die Rechnung mit der Maklerprovision ins Haus flattert. Gewinnen kann man bei solchen Veranstaltungen nur Lebenserfahrung – und neue Freunde. Nachdem ich ein paar Typen zum vierten Mal bei Massenbesichtigungen begegnet bin, haben wir uns anschließend auf ein Bier verabredet. Seitdem spielen wir zusammen Fußball – und das ist ja auch was.

Jan aus Berlin

Fotomontage

Wow, die isses!, denke ich, als ich die Anzeige zu der Zweizimmerwohnung in Erfurt im Internet entdecke. Ein Grundriss ist zwar nicht dabei, aber anhand der Fotos kann ich mir die Räume gut vorstellen. Obwohl es nur fünfundfünfzig Quadratmeter sein sollen, wirkt alles sehr großzügig und luftig.

Von wegen! Bei der Besichtigung ein paar Tage später trifft mich fast der Schlag. Die Zimmer sind einfach nur verdammt gut fotografiert, die Bilder völlig unrealistisch, die Proportionen komplett falsch. Da hat sich wohl ein Hobbyfotograf so richtig ausgetobt. Darüber hinaus ist das Haus das mit Abstand hässlichste in der ganzen Straße – ein riesiger Wohnkomplex mit Original-DDR-Patina. Es sieht aus wie eine gigantische Legebatterie. Und dafür bin ich nach Feierabend anderthalb Stunden nach Erfurt gegurkt? Schönen Dank auch!

Stefanie aus Halle

Kindermund tut Wahrheit kund

Bei der Besichtigung eines neu gebauten Reihenhauses liefen außer uns noch zwei weitere Familien durch die Räume. Die Handwerker waren in Verzug, überall lag noch Baumaterial herum und waren Absperrbänder gespannt. Im Grunde stapften wir durch einen halben Rohbau.

Dann ein spitzer Schrei.

Alle rannten ins Wohnzimmer, wo eine Dreijährige selig vor Glück bis zur Brust im frisch angerührten Mörtel saß und ihrer entsetzten Mutter die Patschehändchen entgegenstreckte. »Hier sssöööön«, sagte sie, »bleiben?«

Für die Kleine ging's erst mal auf dem schnellsten Weg unter die Dusche. Aber noch am selben Nachmittag hat der Vater der Familie bei dem Makler angerufen und die Sache eingetütet.

Mara aus Oldenburg

So klein ist die Welt

Transatlantische Wohnungssuche – das gestaltet sich nicht immer einfach bei sieben Stunden Zeitverschiebung zwischen Kuba und Deutschland und einem für örtliche Verhältnisse typischen Stromnetz, das öfter zusammenbricht, als stabil ist.

Trotzdem hatte ich es geschafft, vor meiner Rückkehr in die Heimat vier Besichtigungstermine in Ludwigshafen und Mannheim auszumachen. Nach drei Jahren als Animateur in der Karibik hatte ich zum Herbst einen Platz im Masterstudiengang Music and Creative Industries an der Popakademie Baden-Württemberg ergattert. Es fehlte nur noch die Wohnung.

Die ersten beiden Zimmer, die ich mir ansah, waren in WGs. So finde ich schnell wieder Anschluss, dachte ich, zumal ich auch in der Ferienanlage auf Kuba in einem Dreibettzimmer gelebt hatte und mit meinen Kollegen super ausgekommen war. Es muss halt passen von der Mentalität her, dann klappt's auch.

Von der Mentalität passte es in den beiden WGs gar nicht. In der ersten Wohnung war schon der Flur mit lauter Plänen tapeziert: Putzplan, Einkaufsplan, Küchenbenutzungsplan – das war nichts für mich. In der anderen WG lebten zwei Computerfreaks, die aussahen, als würden sie niemals das Tageslicht zu Gesicht bekommen.

Die dritte Wohnung war ein Apartment in der Nähe vom Mannheimer Schlosspark, in einem Haus, in dem viele Studenten wohnten. Sie wurde zwar mit Makler vermietet, aber gut. Bei der Besichtigung waren außer mir noch sechs andere Studenten da, ein Mädchen sogar mit seiner Mutter, die dem Makler nicht von der Seite wich und ständig was von Bürgschaft und Mietgarantie erzählte. Es ging alles ganz schnell, ich hatte kaum Zeit, mir das Bad anzusehen – da standen wir auch schon wieder im Flur. In diesem Moment ging die Wohnungstür auf, und ein junger Typ kam rein. Na, der kommt aber ein bisschen spät, dachte ich erst, dann erkannte ich meinen Kumpel Matze aus der Schule.

Wir fielen uns unter großem Hallo in die Arme, um uns herum nur verwirrte Gesichter und eine aufgescheuchte Mutter, die für ihr Töchterchen die Felle davonschwimmen sah, als sich rausstellte, dass Matze der Sohn des Vermieters war. Er brachte dem Makler die

Kellerschlüssel vorbei, die sein Vater vergessen hatte auszuhändigen.

Den Keller konnte ich später noch einmal besichtigen – allein, ohne Konkurrenz. Denn Matze war so nett und machte die Bude für mich bei seinem Vater klar.

Student aus Ludwigshafen

3 – 2 – 1 – keins

Ich bin bei der Wohnungssuche mal an einen Typen geraten, der dachte, er könnte aus der Nachmietersuche eine Auktion machen. Er forderte mich dazu auf, einen alten Einbauschrank, mehrere fadenscheinige Rollos und eine äußerst gewagte Eigenkonstruktion, an der mehr schlecht als recht ein Duschvorhang über der Badewanne baumelte, abzulösen.

»Wer mir am meisten dafür gibt, den schlag ich meinem Vermieter als Nachmieter vor«, meinte er doch glatt.

»Bei dir piept's wohl!«, sagte ich, zeigte ihm einen Vogel und verschwand aus der Wohnung.

Lena aus Kiel

Hund ist nicht gleich Hund

Die Wohnung mit Gartenanteil in der Äußeren Neustadt von Dresden war ein Traum: hell, großzügig geschnitten, mit einer nagelneuen Einbauküche und einem Hobbyraum im Keller, in dem mein Mann im Geiste schon seine Werkstatt einrichtete. Dass ausgerechnet unser Hund den Ausschlag geben würde, uns die Wohnung zu vermieten, hätten wir allerdings nicht gedacht.

Wir hatten bei unserer Suche darauf geachtet, dass

der Vermieter tierfreundlich ist, und schon im Vorfeld erwähnt, dass wir einen vierbeinigen Mitbewohner haben.

Bei der Besichtigung flippte die Frau des Vermieters geradezu aus, als sie unseren Rico sah. »Ein Jack Russel!«, rief sie völlig aus dem Häuschen und warf sich auf den Boden, um den Hund zu streicheln.

Rico zeigte sich wie erhofft von seiner besten Seite und scharwenzelte quietschend um sie herum, wobei er ihr die Hände schier wundleckte. Während ihr Mann uns durch die Wohnung und den Garten führte, schlossen die beiden Freundschaft.

»Sie können die Wohnung haben, wenn Sie wollen«, rief sie uns entgegen, als wir wieder im Wohnzimmer ankamen und unseren Hund einsammeln wollten. »So ein süßer Kerl! Ich hatte ja schon Bedenken, dass Sie einen Rauhaardackel haben. Die kann ich nämlich nicht ausstehen«, erklärte uns die Frau und berichtete von einer traumatischen Rauhaardackelbegegnung aus ihrer Kindheit.

Da wir von den Räumen ebenso begeistert waren wie die Vermieterin von unserem Hund, sagten wir spontan zu und verabredeten einen Termin zur Vertragsunterzeichnung.

Zu Hause bekam Rico zur Belohnung einen großen Hundeknochen, den er schwanzwedelnd in sein Körbchen schleppte.

Mein Mann meinte trocken: »Zum Glück hast du dich damals durchgesetzt, nicht ich.«

Ich grinste nur. Denn wenn's nach ihm gegangen wäre, hätten wir uns einen Rauhaardackel angeschafft.

Elvira aus Dresden

DONNERSTAG, 21. MÄRZ – TAG 19

Status quo

Wunsch: 3 Zimmer ab 75 qm von privat (provisionsfrei), kein EG, cooles Stadtviertel, Wohnküche, Etagenheizung, modernes Tageslichtbad inklusive Wanne, Südbalkon, großer Keller, separater Wasch- und Trockenraum, Tiefgaragenstellplatz und nette Nachbarn

Budget: 1200 € Warmmiete
Angerufene Makler: 0 (!!!)   *Erhaltene Absagen:* 9
Neue Angebote per Mail: 6   *Besichtigungen:* 12
Grad der Verzweiflung:
1 von 10   *Euphorie:* 238

Ich weiß, was ich will – und das bekomme ich auch! Deshalb bin ich zu keinen Abstrichen bei meinen Wünschen und Vorstellungen bereit. Die Halsabschneider, die fürs Schlüsselumdrehen und blöde Grinsen zwei Komma drei-acht Monatsmieten einstreichen, haben sich geschnitten, wenn sie glauben, dass sie mir in die Tasche langen können. Mit mir nicht, Freunde!

Mit nahezu ungebremster Euphorie nehme ich mir

heute Abend, nachdem ich die neuesten Online-Angebote der Süddeutschen durchforstet habe, die Anzeigen auf der Homepage der Vermietzentrale München vor – und verschlucke mich glatt an meinem Aperol Spritz. Ich bewege den Cursor auf »Aktualisieren« und drücke die linke Maustaste. Da steht immer noch »140 Euro Kaltmiete«, und das für eine Dreizimmerwohnung mit gut siebzig Quadratmetern!

Wahrscheinlich muss man da die pflegebedürftige Vermieterin rund um die Uhr mitversorgen oder im Winter im kompletten Viertel Schnee schippen oder was weiß ich. Egal, ich beschließe trotzdem anzurufen. Nicht auszudenken, wenn mir ein Super-Schnäppchen durch die Lappen ginge. Selbst wenn es ein Tippfehler wäre und da eine Sieben statt der Eins stünde, wär's immer noch superbillig, rede ich mir selbst gut zu und wähle die angegebene Handynummer.

Besetzt.

Siebzehn Versuche später bin ich leicht entnervt, aber noch immer wild entschlossen, diese einmalige Chance zu nutzen.

Versuch Nummer achtzehn.

»Heubert«, ertönt eine männliche Stimme, die in Sachen Entnervtheit auf der Skala etliche Einheiten über mir steht.

»Tut mir leid, dass ich so spät noch anrufe«, beginne ich mit Säuselstimme. »Mein Name ist Leonie Haug. Ich habe gerade Ihre Wohnungsanzeige gelesen und…«

Weiter komme ich nicht.

»Wo haben Sie die gelesen?«, fällt er mir ins Wort und klingt dabei, als stünde er kurz vorm Amoklauf.

»Na, bei der Vermietzentrale. Sie wurde vor etwa einer Stunde online gestellt«, gebe ich bereitwillig Auskunft und hoffe auf mildernde Umstände.

»Was denn für 'ne Vermietzentrale?«

Tolles Gespräch, denke ich. Bin ich die Auskunft? Wissen die Leute jetzt schon nicht mehr, wo sie ihre Wohnungsanzeigen aufgeben?

»Die kenne ich nicht«, sagt er.

Jetzt bin ich baff. Hat der Typ Alzheimer? Im Endstadium?

Offenbar nicht, denn als Nächstes erzählt er mir, dass er eine Anzeige in der Samstagsausgabe der Süddeutschen aufgegeben habe, die morgen erst erscheinen würde. Doch seit einer geschlagenen Stunde klingelten die Leute bei ihm Sturm und erzählten was von einhundertvierzig Euro warm. Die meisten wollten sogar sofort vorbeikommen und am liebsten noch heute den Mietvertrag unterschreiben. Wenn er ihnen dann sage, dass die Miete tausendvierhundert Euro betrage, beschimpften sie ihn.

Paul, so heißt der Mann am anderen Ende der Leitung, klingt aufrichtig erschöpft und tut mir auf einmal sogar leid. Irgendwie kommen wir ins Gespräch und vereinbaren einen Termin für morgen Mittag, obwohl mir die Wohnung eigentlich zu teuer ist. Aber sie liegt in Haidhausen, meinem Lieblingsviertel, und anschauen schadet ja nicht.

Zusammen mit einem superleckeren Cappuccino aus seiner Siebträgerkaffeemaschine serviert mir Paul die Auflösung des Falls rund um die Anzeige mit dem Monster-Sparpreis einen Tag später. Die Vermietzentrale geht systematisch alle Zeitungsanzeigen München-chens durch und stellt die Angebote auf ihrer Web-site online – ohne die Zustimmung der Vermieter. Und offenbar auch absichtlich fehlerhaft. Denn die eine Null bei der Kaltmiete ist offenbar alles andere als zu-fällig unter den Tisch gefallen. Vielmehr versuchen die Typen von der Vermietzentrale so Kunden anzulocken, denen sie dann – weil das Superangebot natürlich leider, leider schon weg ist – überteuerte Bruchbuden andrehen können. Selbstverständlich nachdem sie ihre gefakten Angebote über einen riesigen Mail- und Fax-verteiler gejagt und die Leute ermuntert haben, sich schnell zu melden.

Paul hat bei der Vermietzentrale angerufen und ver-langt, dass das Inserat gelöscht wird – vergeblich. Selbst die Drohung mit einer Anzeige, da die Zentrale nicht autorisiert war, das Angebot zu veröffentlichen, verfehlte ihre Wirkung. Pauls geklaute Annonce wurde weder korrigiert noch wie gefordert gelöscht. Und deswegen rufen immer noch Leute bei ihm an, weil er, wie er sagt, »dumm genug war, die eigene Telefonnummer in den Anzeigentext zu schreiben«.

Die Wohnung, nur eine Etage über seiner eigenen, ist echt der Hammer, aber leider zu teuer für mich, und so verabschiede ich mich nach einer Weile von Paul und radle ein wenig desillusioniert nach Hause. Meine Euphorie ist leicht gedämpft, und langsam, aber sicher kommen mir erste Zweifel, ob die Aktion Wohnung von Erfolg gekrönt sein wird.

Vielleicht sollte ich mich für eines von diesen Mehr-generationenhäusern bewerben und meine Leiden-schaft für alternative Wohnprojekte entdecken? In

Freiburg soll es ja das Modell »Wohnen für Mithilfe« geben, bei dem Studenten im Seniorenheim leben und ihre Miete durch ehrenamtliches Engagement drücken können.

Aber ist das etwas für mich? Ich hatte nie den Wunsch, Achtzigjährigen Facebook und Twitter nahezubringen oder ihnen Gutenachtgeschichten vorzulesen.

Andererseits: Habe ich eine Wahl? Falls die Situation so angespannt bleibt, kann ich die Senioren-WG mit Zivi und Putz-Wasch-Koch-Pflege-Rundumversorgung wenigstens in Ruhe planen und pünktlich zum Renteneintritt umsetzen, der dann wahrscheinlich bei fünfundsiebzig Jahren liegen wird. Das sind vielleicht Aussichten ...

Zwei Zimmer, Küche, Beischlaf

Als ich vor ein paar Jahren auf der Suche nach einer neuen Wohnung war, stieß ich auf eine ganz besondere Anzeige in der Zeitung, in der ein Mann eindeutig Sex statt Geld für seine Wohnung verlangte. »Mieteinnahmen benötige ich nicht. Falls eine junge Frau zwischen zwanzig und fünfunddreißig Jahren Interesse hat, kostenlos zu wohnen, bitte ich um eine aussagekräftige E-Mail«, stand da, wenn ich mich richtig erinnere.

Ich habe mich gefragt, ob ihm tatsächlich jemand geschrieben hat. Vermutlich ja – leider!

Isabel aus Hamburg

Kein Anschluss unter dieser Nummer

Bei uns in der Provinz kennt ja jeder jeden, und bisher hat mich das auch nicht weiter gestört. Ich find's schön, wenn man die Leute einordnen kann und weiß, wo sie herkommen oder mit wem sie verwandt sind – anders als in der anonymen Großstadt. Dort kann sich jeder sonst wie darstellen und das Blaue vom Himmel runterlügen, ohne dass es nachprüfbar ist.

Einmal war's mir aber dann doch zu viel. Ich wollte mit Anfang zwanzig mit meinem Freund zusammenziehen, und wir sahen uns eine Wohnung im Nachbarort an, im Umland von Kaiserslautern. Es war eine kleine Einliegerwohnung mit Gartenanteil in einem Einfamilienhaus. Ich staunte nicht schlecht, als mir die Oma meiner Kindergartenfreundin Melanie die Tür aufmachte. Bis zum Ende der Grundschule waren wir unzertrennlich gewesen, danach hatten wir uns aus den Augen verloren, und ich wusste nicht, dass ihre Großeltern so spät noch gebaut hatten.

Die alte Dame freute sich sehr, mich zu sehen, und wir hätten die Wohnung auch genommen, hätte sie nicht beim Abschied zu mir gesagt: »Alla, des wär praktisch, wenn du mei neii Miederin wärscht. Do kann isch jederzeit dei Eltre arufe, wenn du mol die Miet ned zahle duusch odder es doch emol Ärjer gebt, gell?« Sie zwinkerte. »Die Nummer vunn deine Eltre is doch noch dieselb, odder?«

Ich nickte zwar höflich, aber damit war für mich klar: Niemals würde ich hier einziehen!

Geli aus Queidersbach

Das bisschen Arbeit

Mit welcher Selbstverständlichkeit einem manche Leute die letzte Absteige als Wohnraum anzudrehen versuchen, ist echt unglaublich. Im Nachhinein ist mir klar, warum bei der Anzeige im Internetportal keine Fotos eingestellt waren – aber man wächst ja an der Erfahrung.

Vorab freute ich mich, dass der Andrang für die Wohnung nicht groß, der Vermieter am Telefon sehr freundlich und ich schon am nächsten Tag zur Besichtigung eingeladen war. Doch dann der Schock: Im Bad waren mehrere Fliesen von den Wänden gefallen, an den Wänden im Schlafzimmer blühte der Schimmel, der Einbauschrank in der Küche schien jeden Moment aus der Wand zu brechen, und im Parkett im Wohnzimmer fehlten vor der Heizung mehrere Bretter. Offensichtlich hatte es mal einen Wasserschaden gegeben, denn in der Wand daneben klaffte ein großes Loch. Man sah, dass das Heizungsrohr geflickt worden war. Notdürftig. Und eindeutig nicht von einem Profi.

Auf meinen entsetzten Blick hin sagte der etwa sechzigjährige Vermieter: »An der Wohnung müsste *eigentlich* noch einiges gemacht werden, das wissen wir. Aber dafür ist sie günstig... Und der Blick ist sehr schön.«

»Danke, aber *eigentlich* suche ich eine Wohnung und keine Aussicht«, sagte ich und ließ ihn stehen.

Miri aus Frankfurt

Nette Geste

Wow, ist die Wohnung toll, dachte ich nach der Besichtigung in der Balanstraße in Giesing. Die zwei renovierten Zimmer mit Wohnküche, hübschem Bad, großem Wohnzimmer und einer kleinen Terrasse waren mit knapp sechzig Quadratmetern ideal für mich und meine kleine Tochter. Die Vermieterin war außerdem supernett und hatte sich von meinem Lebensweg, der bisher nicht ganz so gerade verlaufen war, nicht abschrecken lassen. Das Haus war in einer Seitenstraße, es war schön grün, und der Kindergarten für die Kleine wäre gleich um die Ecke.

Einen Wermutstropfen gab's allerdings: Sie war mit achthundert Euro warm einfach viel zu teuer. Ich hatte zwar vor lauter Begeisterung spontan zugesagt und der Vermieterin gegenüber beteuert, dass ich es schon irgendwie hinbekommen würde, aber auf dem Nachhauseweg wurde mir dann doch angst und bange, und ich rief sie noch mal an.

»Es tut mir schrecklich leid, aber ich hab's mir noch mal überlegt. Das ist doch zu viel Geld, das packe ich einfach nicht mit meinem Halbtagsjob.«

»Oh«, sagte sie erst mal nur.

Ich redete einfach weiter. »Wenn Sie fünfzig oder

hundert Euro runtergehen könnten, würde ich sie sofort nehmen«, wagte ich einen Vorstoß. Mehr als Nein sagen konnte sie ja nicht.

»Leider nein«, sagte sie tatsächlich. »Wir haben die Wohnung finanziert und brauchen diese Summe, um den Kredit zu tilgen. Da ist leider keine Luft nach unten.«

Ich konnte ihr anhören, dass sie es ehrlich bedauerte, und legte traurig auf.

Am nächsten Tag klingelte mein Telefon in der Arbeit, die Vermieterin aus der Balanstraße war dran.

»Ich habe noch mal nachgedacht«, begann sie.

Meine Hoffnung erwachte – und erstarb auch gleich wieder.

»Leider kann ich Ihnen die Wohnung wirklich nicht günstiger geben. Aber es beeindruckt mich sehr, wie Sie für sich und Ihre kleine Tochter kämpfen. Daher habe ich in meinem Bekanntenkreis rumgefragt, ob noch jemand eine Wohnung für Sie hat. Wenn Sie wollen, melde ich mich wieder, sobald ich was höre. Ihr Einsatz muss belohnt werden, finde ich, Sie sind so eine taffe Frau, und es ehrt Sie sehr, dass Sie so ehrlich zu mir waren. Ich wünsche Ihnen von Herzen alles Glück der Welt.«

Davon konnte ich mir zwar erst mal nichts kaufen, aber nett fand ich ihren Vorschlag trotzdem.

Eine Woche später rief mich tatsächlich eine Freundin der netten Dame an, die mir ein Einzimmerapartment anbot. Das war leider zu klein für uns, aber gefreut habe ich mich trotzdem darüber.

Ivonne aus München

Außen hui, innen pfui

Als ich vor Jahren in Rom zum ersten Mal durch die Straßen von Trastevere schlenderte, war ich total begeistert. Diese traumhaften monumentalen Palazzi, von denen einer herrschaftlicher aussieht als der nächste. Hier will ich wohnen, beschloss ich, nur leider war mein Budget als Studentin nicht auf solche Hirngespinste vorbereitet. So viele Jobs in irgendwelchen Bars hätte ich gar nicht annehmen können, damit es für die Miete gereicht hätte!

In einem dieser schicken Gebäude sah ich mir dann doch ein Zimmer an, das in der Anzeige recht vielversprechend geklungen hatte. Der Vermieter war ein Architekt, und ich hatte tatsächlich einen Einzeltermin zur Besichtigung erhalten, was in Rom eigentlich nicht üblich ist.

Als ich das kaum mehr als zehn Quadratmeter kleine ehemalige Dienstbotenzimmer sah, das für läppische achthundert Euro zu haben sein sollte, änderte ich meine Meinung und gab ihn auf, den Traum vom tollen Palazzo. Was nützt mir eine superschicke Fassade, wenn ich in einer Rumpelkammer mit Blick auf die Klimaanlage vom Nachbarhaus hausen darf, noch dazu mit gammeligen Möbeln, die schon unter meinen Vorgängern nur mit Glück nicht zusammengebrochen sind?

Kathrin aus Stelle

Falscher Film

Wenn man sich auf ein Wohnungsinserat meldet, sollte man davon ausgehen können, dass derjenige, der die Anzeige schaltet, auch eine Mieterin sucht. So rein theoretisch.

Praktisch bin ich auf meiner Suche in Heidelberg mal bei einem etwa vierzigjährigen Typen gelandet, der gar nicht mal so schlecht aussah, aber vom ersten Moment an komisch auf mich wirkte. Das fing schon damit an, wie er mich anglotzte, als er mir die Tür aufmachte. Während er mir die Zimmer zeigte, erzählte er mir unentwegt, welche geilen Mädels die Wohnung schon besichtigt hätten, und dass sie alle scharf auf ihn seien.

Ich wollte gerade sagen: »Das gilt aber nicht für mich!«, da meinte er: »Du gefällst mir. Wenn du ein bisschen nett zu mir bist, kannst du die Wohnung haben.«

»Nein – danke«, stammelte ich und suchte das Weite.
Mella aus Heidelberg

Vorlieben und Abneigungen

Bei meiner Suche nach einem Studentenapartment habe ich wirklich viele Wohnungen angesehen und mich im Internet dumm und dusselig gesucht. Am kuriosesten war eine Anzeige für ein WG-Zimmer auf einem Immobilienportal, in der allen Ernstes stand: »Homosexuelle und Vegetarier haben bei uns keine Chance.« Das fand ich echt krass.
Leonie aus Münster

Verrechnet

»Yeah, ich hab die Stelle!«, brülle ich durchs Haus meiner Eltern, nachdem ich den Brief von dem Wellnesshotel in Bad Birnbach aufgerissen habe.

Ich bin überglücklich über meinen ersten richtigen Job nach meiner Ausbildung zur Physiotherapeutin. Nun fehlt nur noch eine Wohnung, die ich über die Zeitung auch schnell entdecke. Zwei kleine Zimmer mit Balkon. Das Bad ist zwar alt, und die Küche hat auch schon bessere Tage gesehen, aber die Miete ist günstig, vor allem fallen kaum Nebenkosten an.

Ich freue mich riesig, fühle mich wohl und lebe mich gut ein. Nach einem Dreivierteljahr kommt dann das böse Erwachen in Form der Nebenkostenabrechnung: Fast tausend Euro für Heizung, Wasser und Co. soll ich nachzahlen! Von wegen Schnäppchen.

Wie sich herausstellt, ist die Abrechnung leider richtig, die alte Heizung verbraucht wohl eine Unmenge an Öl, und da die Fenster nicht dicht sind, heizt man die Nachbarschaft gleich mit. So schön die Wohnung ist, ich werde mir wohl was Neues suchen.

Miriam aus Bad Birnbach

Belohnung

Nachdem wir als vierköpfige Familie über eineinhalb Jahre erfolglos nach einem kleinen Häuschen gesucht hatten, stand unser Entschluss fest: Wir probieren es mit einer Belohnung für denjenigen, der uns etwas Geeignetes vermittelt. Und zwar nicht mit einem Kleckerbetrag, sondern mit fünftausend Euro.

Wir hatten davor wirklich alles versucht und auch einige Makler gebeten, in unserem Auftrag zu suchen. Aber es war kein einziger dabei, der uns auch nur ein Angebot unterbreitet hätte. Die meisten winkten gleich ab und sagten ganz offen, dass sich das für sie nicht lohne, da der Aufwand zu hoch sei. Selbst diejenigen, die freundlich taten und behaupteten, sie würden sich darum kümmern, lieferten nicht.

Kaum hatten wir die Anzeige geschaltet, wurden wir mit Angeboten überhäuft und fanden so tatsächlich unser Traumhaus. Das Geld hat uns zwar bei der Renovierung gefehlt, und unsere Küche ist eine Nummer kleiner ausgefallen als geplant, aber meine Frau und ich sind uns einig: Diese Investition hat sich gelohnt.

Marko aus Neuss

Notunterkunft

Eigentlich bin ich der klassische Cluburlauber: ein anständiges Hotel mit Animation und großem Sportangebot, dazu ein Traumstrand, leckeres Essen, am besten alles all inclusive ...

Campen war dagegen noch nie mein Fall.

Das hat sich vor Kurzem geändert, als ich zum Studieren von Gronau nach Erfurt gezogen bin. Mir ist nämlich nichts anderes übriggeblieben, als mir von meiner Patentante und ihrem Mann den Wohnwagen zu leihen und mich auf dem Campingplatz häuslich einzurichten. Da dieses Semester wegen der Umstellung von G 9 auf G 8 gleich zwei Abiturjahrgänge an die Unis gestürmt sind, war bei der Wohnungssuche echt nichts zu machen.

Irgendwann hatte ich keine Lust mehr, mich mit hundert anderen um die fünf Wohnungen zu prügeln, die zu haben waren – ich zog in den Anhänger. Wie lange ich auf dem Campingplatz bleibe, weiß ich noch nicht. Immerhin ist es nicht so übel wie gedacht, denn ich bin nicht als Einziger auf die Idee gekommen. Solange es noch einigermaßen warm ist und man die Abende draußen verbringen kann, macht es sogar echt Spaß. Und einen Vorteil hat die Sache außerdem: Die Mädels, die ich an der Uni kennenlerne, finden es cool, wenn ich ihnen sage, dass ich im Wohnwagen lebe.

Christian aus Erfurt

Falsches Spiel

Mein Mann und ich standen mal bei einer Wohnungsbesichtigung in einem Zweifamilienhaus vor verschlos-
sener Tür. Wir versuchten im Minutentakt die Maklerin zu erreichen, die partout nicht ans Handy ging, und
klingelten nach einer Viertelstunde einfach in der Wohnung im Erdgeschoss. Vielleicht würden uns die Nachbarn eine Auskunft geben können.

Die Verwunderung war groß, als sich der nette ältere
Herr, der uns öffnete, als unser potenzieller Vermieter
zu erkennen gab.

»Ach«, sagte er überrascht, »Sie sind doch gekommen? Die Maklerin hat mich heute Vormittag informiert, dass Sie den Termin abgesagt hätten.«

»Wie bitte?«, fragte ich erstaunt.

»Ja, Sie hätten was anderes gefunden«, erklärte er
nicht minder verwirrt.

Im Nachhinein kam raus, dass die Maklerin offenbar
der Ansicht gewesen war, mit drei Besichtigungsterminen ihr Soll erfüllt zu haben, und alle weiteren Termine
platzen ließ. Die Wohnung hätten wir zwar haben können, aber wir waren nicht bereit, dieser Frau auch noch
Geld, sprich die Provision, in den Rachen zu werfen –
zumal sie keinen Strich dafür getan hatte.

Ehepaar aus Bonn

Der Traum vom Balkon

Eine Wohnung ohne Balkon – das geht gar nicht! Das
war meine Devise, als ich nach dem Abitur ein bezahl-
bares Apartment in Saarbrücken suchte, wo ich Spra-
chen studieren wollte. Bisher hatte ich bei meinen
Eltern gewohnt, in einem riesengroßen Haus mit einem

parkähnlichen Garten. Meine Pflanzen nahmen mehr Platz ein als meine Möbel, und ich freute mich jetzt schon auf den Sommer und meine begrünte Oase im Freien.

Die Vorfreude war groß, als ich tatsächlich eine erschwingliche Einzimmerwohnung mit französischem Balkon im Internet entdeckte. Auf der Fahrt zu der angegebenen Adresse malte ich mir in allen Farben aus, welche Blumen ich in die Kästen pflanzen und wie ich draußen frühstücken würde. Die Enttäuschung war ungleich größer, als ich feststellte, dass die vermeintliche Tür zum Balkon nur ein bodentiefes Fenster mit einem Geländer davor war.

Zum Glück bin ich am Ende doch noch fündig geworden und weiß meinen »echten« Balkon sehr zu schätzen.

Gabi aus Saarbrücken

Was ist was?

Begriffe wie Wohnküche oder Tageslichtbad erklären sich zum Glück von selbst, doch immer wieder findet man bei Wohnungsbeschreibungen Bezeichnungen, unter denen sich nicht jeder etwas vorstellen kann. Hier die wichtigsten Fachbegriffe und was sich dahinter verbirgt:

Loggia = ein überdachter Raum, der zur Außenseite hin offen ist

Mansarde = Raum oder Wohnung im ausgebauten Dachgeschoss eines Hauses

Loft = eine zu Wohnraum umgebaute ehemalige Fabrikhalle

Maisonette = Wohnung über zwei Etagen, die über eine innenliegende Treppe verbunden sind

Pantry = Mini-Einbauküche, oft im Flur eines Apartments, nur notdürftig ausgestattet

Penthouse = exklusive Wohnung auf dem Dach eines Etagen- oder Hochhauses

Französischer Balkon = Absturzsicherung bei bodentiefen Fenstern

Studio = Einzimmerapartment mit integrierter Küche und Bad, manchmal separate Einheit in einem Haus oder einer Maisonette-Wohnung

Aller guten Dinge sind ... keine drei

Ja, ich gebe es zu, wir sind eine tierbegeisterte Familie, und zwei Kinder haben wir auch noch. Dass wir damit aber in die Kategorie »Aussätzige« fallen, hätte ich mir nicht träumen lassen.

Die Grenze der Verzweiflung ist längst überschritten, da wir einfach keine neue Wohnung finden und aus unserer alten rausmüssen. Der Vermieter hat auf Eigenbedarf gekündigt und wird langsam ungeduldig, weil wir die Wohnung immer noch blockieren, die er schon lange seiner Enkelin zur Verfügung gestellt haben wollte. Zum Glück kann er uns nicht einfach vor die Tür setzen, aber unangenehm ist uns die Situation trotzdem.

Bei der Suche dürfen wir uns ständig so tolle Sätze anhören wie: »Also nur der Hund, das ginge ja, aber auch noch zwei Kinder… Nee, das ist zu viel.« Oder: »Das können wir den Nachbarn nun wirklich nicht zumuten, einen kläffenden Hund *und* lärmende Kinder.« Oder gar: »Sorry, aber unsere Idealmieter sehen anders aus.«

»Danke fürs Gespräch!«, sage ich da nur.

Sämtliche Beteuerungen, dass unser Hund keinen Ton von sich gibt, solange man ihm keine Frisbee-Scheibe zum Apportieren wirft, sind zwecklos. Und auch der freundliche Hinweis, dass unsere Kinder inzwischen zwölf und neun und damit aus dem Bobbycar-Alter raus sind, verhallt im Nichts. Vermutlich würde niemand freiwillig zugeben, dass er randalierende Teenager plus eine dauerkläffende Töle im Gepäck hat, aber ich kann nicht mehr als die Wahrheit sagen.

Neulich haben mein Mann und ich sogar schon darüber nachgedacht, eine Wohnung als Paar zu mieten und die Kinder samt Hund einzuschmuggeln – aber die Organisation wird uns auf Dauer doch zu aufwendig. Da suchen wir lieber weiter und geben die Hoffnung auf ein tier- und kinderfreundliches neues Zuhause nicht auf.

Jessica aus Hannover

Ein Platz an der Sonne

Mainz, auf der Suche nach einer Studentenbude. Ich besichtige ein Zimmer in einer WG, die im Anbau eines Einfamilienhauses untergebracht ist. Das Vermieterehepaar lebt im Haupthaus, dahinter befinden sich vier kleine Wohneinheiten, zu denen ein Gemeinschaftsbad gehört. Bisher wohnen drei Studenten darin, das vierte Zimmer ist frei. Keine ideale Konstellation, aber weil es eine Erdgeschosswohnung mit Gartenanteil ist, bewerbe ich mich um das Zimmer und bekomme tatsächlich den Zuschlag.

Später steckt mir einer meiner ausschließlich männlichen Mitbewohner, dass die Vermieterin eigentlich keine andere Frau im Haus haben wolle, da sie rasend eifersüchtig sei, aber ich hätte dem Vermieter einfach zu gut gefallen. Seine Bemerkung macht mich stutzig, doch bald habe ich sie wieder vergessen und fühle mich eigentlich ganz wohl dort.

Im Frühjahr setze ich mich öfter mal mit einem Kaffee vor unserem Anbau auf die alte Holzbank in die Sonne und drehe mir eine Zigarette. Wie zufällig kommt fast jedes Mal der Vermieter dazu und quatscht ein bisschen mit mir. Er ist Frührentner und fast den ganzen Tag zu Hause.

Ich denke mir nichts weiter dabei, bis er eines Tages im Gehen sagt: »Du kannst dich auch ruhig hier sonnen. Wenn du magst, stelle ich dir eine Liege in den Garten.«

»Au ja, das wäre nett«, erwidere ich begeistert ... und völlig ahnungslos.

Darauf er: »Gern auch ohne Bikinioberteil. Dann kann ich ein bisschen aus unserem Wohnzimmerfenster gucken und mich freuen.«

Als er meinen entsetzten Blick bemerkt, fügt er hinzu: »Keine Sorge, außer mir sieht das auch keiner. Meine Frau ist ja vormittags nicht da. Musst dann auch weniger Nebenkosten zahlen.«

Die Liege hat der notgeile alte Sack umsonst rausgestellt, und über die reduzierten Nebenkosten darf sich wer anders freuen, ich bin dort jedenfalls so schnell wie möglich ausgezogen.

Eine Studentin aus Mainz

Ohne Schweiß kein Haus

Als sich unsere Tochter und damit unser zweites Kind ankündigte, stand unser Entschluss fest: So schön unsere Altbauwohnung mitten in Flingern war, für vier Leute waren die drei Zimmer, von denen eines eine bessere Abstellkammer war, auf siebzig Quadratmetern einfach zu klein. Außerdem wollten wir die Kinder nicht immer nur auf der Straße, sondern im eigenen Garten spielen lassen. Wir fingen also an zu suchen, und meine Frau entdeckte bald ein echtes Schnäppchen, ein Haus in Gerresheim, das zu vermieten war.

Als wir an der angegebenen Adresse vorfuhren, dachten wir erst, wir hätten uns vertan. Das Grundstück war völlig zugewuchert, die Zufahrt zur Garage moosbewachsen, der Gartenzaun an mehreren Stellen kaputt. Als wir läuteten, machte uns eine stark geschminkte Frau im Kostüm die Tür auf und bat uns herein.

Uns traf fast der Schlag, denn das gesamte Haus war mit Möbeln und Kisten vollgestellt. In allen Räumen standen deckenhohe Regale, übersät mit Büchern und Akten. Wir mussten im Zickzack über die Sachen hinwegsteigen.

»Sie müssen sich den ganzen Kram wegdenken«, meinte die Frau, als sie unsere entsetzten Blicke bemerkte. »Das Haus ist wirklich schön und geräumig. Das sieht man jetzt bloß nicht.«

»Aha«, sagte meine Frau nur und kämpfte sich weiter voran.

Jetzt war mir auch klar, warum in der Anzeige keine Fotos zu sehen gewesen waren. Die Räume waren ähnlich verwahrlost wie der Garten und mussten dringend renoviert werden. So konnte man hier unmöglich einziehen.

»Na, was ist«, fragte die Vermieterin ungeduldig, »nehmen Sie es oder nicht? Zum nächsten Ersten muss es vermietet sein.«

Das war in knapp drei Wochen.

»In dem Zustand?«, erwiderte meine Frau. »Bis wann wollen Sie denn die Sachen abholen lassen?«

Die Dame schüttelte den Kopf. »Wieso ich? Das übernehmen ja wohl Sie. Oder warum glauben Sie, ist die Miete so günstig? Ich habe in Hamburg ein Unternehmen zu leiten, ich kann mich darum nicht kümmern. Seien Sie froh, vielleicht finden Sie ja die eine oder andere wertvolle Antiquität unter dem Krempel. Mein Vater war ein Sammler, wie Sie sehen.«

»Ist Ihr Vater gestorben?«, fragte meine Frau, und ich spürte, dass sie mal wieder weich zu werden drohte.

»Nein, der musste ins Altersheim. Es ging nicht mehr alleine. Sie merken ja selbst, wie es hier aussieht … Also, was ist jetzt? Wollen Sie das Haus oder nicht?«

»Eher nicht«, meinte ich und zog meine Frau nach draußen.

Sven aus Erkrath

Frag Mutti

Meine erste eigene Wohnung in Mainz hat meine Mutter für mich ausgesucht. »Damit du auch ja gut unterkommst«, wie sie betonte.

Die Studentenbude lag in einem Wohnghetto direkt an der Autobahn in einem total hässlichen Block, aber sie war bezahlbar und außerdem in der Nähe der Uni. Das Apartment, wenn man es überhaupt so nennen konnte, war wirklich winzig, mit Küche im Gang und einem alles andere als neuen Bad, aber ich war überglücklich über meine eigenen vier Wände und das selbstbestimmte Leben, das mich erwartete.

Eines Morgens, ich wohnte gerade mal zwei Tage in Mainz und hatte noch längst nicht alle Kisten ausgepackt, klingelte es an der Wohnungstür. Als ich durch den Spion schaute und zwei Männer in grüner Uniform sah, wurde ich nervös. Hatte ich irgendwas verbrochen? Wollte der Vermieter mich wieder loswerden?

Beim zweiten Klingeln öffnete ich die Tür.

Die Beamten stellten sich kurz vor. »Wann und wo haben Sie Ihre Nachbarn von nebenan zum letzten Mal gesehen?«, fragte der ältere von beiden.

»Äh, wieso?«

»Der Herr hat vergangene Nacht seine Frau krankenhausreif geschlagen, und wir möchten wissen, ob Sie etwas gesehen oder gehört haben.«

»Nee, leider nicht«, sagte ich und erklärte ihnen, dass ich gerade neu eingezogen sei.

In derselben Woche kam noch einmal die Polizei vorbei und stellte mir wieder sehr komische Fragen. Mir wurde langsam mulmig, was sich verstärkte, als ich auf dem Weg zur Straßenbahn einen Kommilitonen aus dem Nachbarhaus traf. »Ach, du wohnst drüben bei den Drogen?«, begrüßte er mich.

Ich nur: »Hä?«

Er grinste und nickte hinter sich auf den Betonklotz. »Ich bin ja bei den Waffen.«

Auf dem Weg zur Uni klärte er mich dann über unsere Nachbarn auf und machte mir klar, wo meine Mutter mich da mit ihrem Beschützerinstinkt untergebracht hatte: mitten im übelsten Kiez von Mainz. Bleiben wollte ich dort nicht, aber die nächste Wohnung suchte ich mir sicherheitshalber ohne Muttis Hilfe.

Leena aus Mainz

Unschöne Entdeckung

Die Maisonette-Wohnung war genau nach unserem Geschmack. Gute Lage, großzügige Räume, helle Holzbalken an den Decken, große cremefarbene Fliesen in Flur und Küche, ein Schlafzimmer mit En-Suite-Bad und eine riesige Dachterrasse.

Die Maklerin betonte bei der Besichtigung mehrmals, dass die Wohnung »grundgereinigt und überholt« worden sei. Das sagte sie so eindringlich, dass wir uns schon wunderten, weil das Objekt keine drei Jahre alt war. Aber wir ließen uns vom schönen Schein blenden und nahmen sie.

Nur wenige Tage nach unserem Einzug wunderten wir uns darüber, dass wir ständig Fliegen im Bad hatten. Und zwar nicht nur zwei oder drei, sondern mehr als zehn. Wir hängten Fallen auf, sprühten Insektengift und putzten uns die Finger wund – ohne Erfolg. Die Viecher schienen ein geheimes Versteck zu haben, in dem sie sich unkontrolliert vermehrten.

Nach drei Wochen kontaktierten wir unseren Vermieter und schilderten ihm den Fall. Er wurde hörbar verlegen am Telefon und druckste herum, bis er endlich mit der Sprache herausrückte.

»Wissen Sie, wir hatten da einen Todesfall letztes Jahr«, sagte er zögernd.

»Wie?«, rief ich in den Hörer. »Etwa hier in der Wohnung?«

»Na ja ... Schon«, gab er zu und erzählte mir, dass unsere Vormieterin völlig überraschend an einem Herzinfarkt gestorben sei und im Hochsommer eine Woche unentdeckt tot in der Wohnung gelegen habe. Im August seien alle Nachbarn bis auf eine Familie im Erdgeschoss in Urlaub gewesen, daher sei niemandem etwas aufgefallen.

Dem Vermieter war die Angelegenheit hochpeinlich, und er ließ sofort eine Firma kommen, die das komplette Bad auseinandernahm. Hinter dem Handtuchhalter, dem Spiegelschrank und dem Klorollenhalter fand der Kammerjäger tatsächlich etliche Fliegenlarven.

Zwar wurde das Bad daraufhin noch mal gereinigt und neu ausgestattet, aber die Freude an der Wohnung war uns vergangen, und wir zogen bald wieder aus.

Ehepaar aus Magdeburg

Nur kein Risiko

Als alleinerziehende Mutter muss man sich bei der Wohnungssuche allerhand anhören. Fast alle Vermieter, so freundlich sie sich geben, haben dann doch Vorbehalte. Am liebsten sind ihnen junge, gut verdienende Paare ohne Haustier, die am besten noch häufig auf

Reisen sind und die Wohnung möglichst wenig abnut-
zen.

Eine Mutter mit Kleinkind ohne männlichen Versorger im Hintergrund ist aber auch wirklich ein krasser
Risikofaktor. So deutlich sagt einem das natürlich keiner, da darf man sich eher Sprüche anhören wie: »Wissen Sie, hier wohnen hauptsächlich ältere Leute, die
könnten sich gestört fühlen von so einem kleinen Kind.
Das macht doch recht viel Lärm.«

Oder: »Wie? Sie wollen hier mit Kind einziehen?
Aber die Wohnung ist doch viel zu klein!«

Auch nett: »Ach so, ein Kind haben Sie. Nein, das
geht nicht. An der befahrenen Straße ist das viel zu gefährlich.«

Stimmt nicht. In einem Haus mit kinderfeindlichen
Nachbarn, da ist es gefährlich!

Junge Mutter aus Rostock

Traumwohnung mit Trauschein

Zusammen mit einer Freundin, die wie ich Mutter
einer kleinen Tochter ist, wollte ich eine Wohnung
mieten. So würden wir uns nicht nur die Kosten teilen, sondern auch mit den Kindern gegenseitig helfen,
dachten wir.

Bald entdeckten wir im Internet eine schöne große
Wohnung in Riem mit fünf Zimmern und Terrasse und
riefen unter der angegebenen Nummer an.

»Was? Zwoa Weiber seid's, mit kloana Kinda?«, sagte
die Vermieterin entsetzt. »Na, des geht ned! Ohne
Trauschein geht da gar nix, dös is vom Amt so vor-
gschrieba.«

Meine Freundin und ich verstanden uns zwar echt

gut, aber heiraten wollten wir deswegen dann doch nicht.

Lea aus Passau

Altbau oder Neubau?

Nach langer Suche hatte ich endlich meine Traumwohnung gefunden. Ich kam rein und wusste: Hier will ich wohnen. Die Wohnung lag mitten im schönen Haidhausen und war mit sechshundertsechzig Euro für achtundvierzig Quadratmeter durchaus bezahlbar. Das Apartment befand sich im Hinterhaus eines wunderschönen Altbaus, hatte einen Balkon und sogar eine Badewanne, die ich mir immer gewünscht hatte. Entsprechend groß war der Andrang beim Maklertermin – doch ich hatte Glück und bekam die Wohnung.

Als ich mich mit der wirklich sehr netten Vormieterin traf, um die Details wegen des drei Meter großen Kleiderschranks und einiger anderer Dinge zu verhandeln, die sie mir überlassen wollte, kamen wir ins Gespräch.

»Warum ziehst du denn nach so kurzer Zeit schon wieder aus?«, fragte ich neugierig. Ich hatte zwar immer noch keinen Haken an der tollen Wohnung bemerkt, aber man kann ja nie wissen.

»Das ist eine längere Geschichte«, sagte sie grinsend. »Willst du vielleicht noch einen Kaffee? Dann erzähle ich sie dir.«

»Klar«, erwiderte ich, denn nun war ich erst recht neugierig.

Vor ziemlich genau einem Jahr kam sie beim Warten auf den Makler im Treppenhaus dieses Hauses mit einem sehr netten Typen ins Gespräch. Sie waren beide frisch getrennt und hatten keinen Bock auf eine neue

Beziehung. Zum Glück stellten sie schnell fest, dass sie sich bei der Wohnungssuche nicht weiter in die Quere kommen würden, weil sie in einem kuscheligen Altbau, er, nach eingehender Betrachtung der Wohnung, doch lieber im Neubau wohnen wollte. Trotzdem tauschten sie ihre Nummern aus und trafen sich immer mal wieder, um sich gegenseitig von ihren Ergebnissen zu berichten. Prompt verliebten sie sich ineinander und beschlossen nach ein paar Monaten, doch noch mal auf Wohnungssuche zu gehen – und zwar gemeinsam.

Ihre Vorlieben passten zwar immer noch nicht ganz zusammen, aber der Kompromiss war bald gefunden: Es durfte eine Altbauwohnung sein, wenn sie renoviert war und ein neues Bad hatte.

Inzwischen wohnen die beiden in einer schönen großen Wohnung ein paar Straßen weiter.

Lisa aus München

Besichtigung mit Spuren

Zusammen mit meinem Freund besichtigte ich eine Wohnung in der Ulmer Innenstadt. Der Makler hatte uns vorgewarnt, dass die Nachfrage extrem groß sei und er zwar Einzeltermine vergebe, aber die Interessenten im Fünfminutentakt durch die Wohnung schleusen müsse. Wir hatten ihm die ausgefüllte Selbstauskunft samt Verdienstbescheinigungen bereits im Vorfeld zugeschickt und den Grundriss nahezu auswendig gelernt.

Als wir klingelten, öffnete uns eine supergepflegte Mittfünfzigerin die Tür, neben ihr ein weißer Pudel. Weiß in allen Abstufungen schien die Lieblingsfarbe der Dame zu sein, denn die gesamte Wohnung war mit cremefarbenen Tierfellen, elfenbeinfarbenen Teppichen und weißen Möbeln eingerichtet. Dazwischen dominierten Gold und Messing.

»Sollen wir die Schuhe ausziehen?«, fragte ich.

»Nein, nein, das dauert viel zu lange. Kommen Sie einfach rein«, meinte sie und ging voraus ins Wohnzimmer.

Im Stechschritt eilten wir durch die Räume bis in die Küche, wo uns der Makler kurz die Hand schüttelte, unsere Namen auf einer Liste abhakte und daneben ein Häkchen bei »interessiert« machte. Ehe wir's uns versahen, standen wir auch schon wieder im Flur. Dabei fielen mir die dunklen Fußspuren auf dem hellen Teppich auf. Siedend heiß fiel mir ein, dass wir auf unserem Hinweg über die Donauwiesen gelaufen waren, und ich hob die Füße, um nachzusehen, ob die Flecken von mir waren. Doch zum Glück waren meine Schuhe sauber.

Im Treppenhaus stellten wir fest, dass mein Freund Laub unter den Schuhen hatte. Peinlich berührt schlichen wir uns davon, ohne noch mal raufzugehen und zu melden, dass wir für etwaige Reinigungskosten aufkommen würden.

Die Wohnung haben wir übrigens nicht bekommen – dass es wegen seiner dreckigen Schuhe war, hält mein Freund allerdings bis heute für ein Gerücht.

Sandra aus Ulm

Ein paar Grad mehr oder weniger

Neulich habe ich mir eine Wohnung unterm Dach angeschaut, mit uralten, nicht isolierten Fenstern, bei denen es durch die Ritzen gezogen hat, dass man die Außentemperatur auch ohne Thermometer hätte feststellen können. Dazu gab's einen uralten Nachtstrom-speicherofen im Flur, der die ganze Wohnung beheizen sollte. Solche Gerätschaften von anno dazumal haben einen so gigantischen Verbrauch, dass die Nebenkosten bald die Hauptmiete übersteigen.

»Da kommen aber noch erhebliche Stromabschlags-zahlungen drauf, oder?«, meinte ich zum Vermieter.

Sagte der doch glatt: »Wenn Sie's im Winter ein paar Grad wärmer haben wollen, müssen Sie eben einen dicken Pulli anziehen. Außerdem haben Sie's ja im Sommer schön warm hier.«

Julia aus Düsseldorf

Katzenvertrag

Die Wohnung war genau so, wie wir sie uns vorgestellt hatten, die Vermieter, ein älteres Ehepaar, waren super-nett, und wir hätten sogar sofort einziehen können.

Doch dann stellte ich die Frage, die meinem Freund und mir schon ein paarmal zum Verhängnis geworden war: »Darf unser zehnjähriger Kater auch einziehen?«

Stille.

Ein Blickwechsel. Schulterzucken. Ein verkrampftes Lächeln.

Dann der Satz: »Ehrlich gesagt ungern. Wir haben die Wohnung aufwendig renoviert, und so ein Tier schärft schon mal die Krallen an den Türen oder macht das schöne Parkett kaputt. Das möchten wir ehrlich ge-sagt nicht.«

Da hatte mein Freund eine glorreiche Idee. »Unser Gismo ist ein echtes Faultier und hat in seinem gan-zen Leben noch keine Tür zerkratzt«, sagte er. »Aber das kann ja jeder behaupten. Ich mache Ihnen deshalb einen Vorschlag. Wie wäre es, wenn wir zusätzlich zum Mietvertrag einen Katzenvertrag unterschreiben, in dem wir Ihnen zusichern, dass wir für alle etwaigen Schäden durch den Kater aufkommen?«

Erleichtert sah die Vermieterin ihren Mann an, und er sagte: »Das klingt doch mal nach einer guten Lösung.«

Zwei Tage später haben wir die beiden Verträge unterschrieben, und bis heute hat Gismo nicht ein einziges Mal die Krallen ausgefahren. Das Parkett glänzt noch immer wie neu. Na ja, abgesehen von der kleinen Kerbe, die uns beim Einzug passiert ist, als meinem Freund die Werkzeugkiste aus der Hand gefallen ist.

Anna aus Güglingen

Geschmackssache

Farbwahl und Einrichtung einer Wohnung sind bekanntlich Geschmackssache. Als mein Freund und ich zusammen in Darmstadt eine Wohnung suchten, machten wir damit so unsere Erfahrungen. Die Dreizimmerwohnung gefiel uns wirklich, sie war gut geschnitten, hell und modern ausgestattet. Nur die Wände waren in einem seltsamen cremefarbigen Ton gestrichen.

Na ja, dachte ich mir, während wir mit dem Vermieter durch die Räume gingen, dann müssen wir eben doch beim Einzug streichen. Es konnte einen schlimmer treffen, fand ich.

Wir bekamen den Zuschlag und erfuhren wenige Wochen später bei der Wohnungsübergabe, dass wir die eierschalenfarbenen Wände dem erlesenen Geschmack der Frau des Vermieters zu verdanken hatten. Die Dame des Hauses hatte die Wandfarbe höchstpersönlich und mit Bedacht ausgesucht. Um dem Rechnung zu tragen, fand sich im Mietvertrag tatsächlich ein Passus, der uns vorschrieb, dass die Wohnung bei Auszug unbedingt in demselben Farbton gestrichen werden müsse. Um unverzeihlichen Fehlentscheidungen vonseiten des Mieters vorzubeugen, waren neben dem Hersteller auch die Farbnummer und die genaue Typenbezeichnung der Farbe genannt. Alles natürlich für den völlig unerklärlichen und damit im Grunde ausgeschlossenen Fall, dass uns die Farbe nicht gefallen könnte und wir auf die wahnwitzige Idee kämen, die Wohnung neu zu streichen.

Warum auch immer – wir taten genau das und standen ein paar Jahre später bei unserem Auszug vor der Frage: Halten wir uns an die aberwitzige Forderung im Vertrag oder nicht?

Nachdem wir die Kosten der Originalfarbe mit einer günstigeren Version aus dem Baumarkt verglichen hatten, stand fest: Nein, tun wir nicht. Wir gingen also das Risiko ein, ließen die Farbe anmischen und waren von dem gesparten Differenzbetrag ein paar Mal schick essen.

Gemerkt hat es am Ende, wie gehofft, niemand. Die Verhandlungen bei der Wohnungsübergabe überließ ich wohlweislich meinem Freund, der ein Dr. vor dem Namen trägt und damit ohne Frage der seriösere Verhandlungspartner von uns beiden ist – zumindest für einen bestimmten Schlag Mensch.

Aber ich war nicht zum Nichtstun verdammt. Meine auch nicht ganz unwichtige Aufgabe bestand darin, wie eine Statue mitten im Wohnzimmer zu stehen, freundlich zu lächeln und mich ja nicht vom Fleck zu rühren.

Den hatte mein Freund bei unserer Streichaktion nämlich aufs Parkett gekleckst und mehr schlecht als recht weggewischt.

Paar aus Darmstadt

Vorsicht, Falle(n)!

Wer vor lauter Freude über die neue Wohnung unter Zeitdruck oder allzu vertrauensselig den vorgelegten Mietvertrag unterschreibt, dem droht schnell die eine oder andere böse Überraschung. Nicht selten lauern im Kleingedruckten besondere Tücken oder Fallen, die einen genauen Blick erfordern – hier lohnt es sich, auf die Details zu achten. Denn nicht alles, was der Vermieter vertraglich fordert, muss der Mieter hinnehmen.

Üblicherweise sind Mietverträge hierzulande unbefristet und haben eine Kündigungsfrist von drei Monaten.

Staffelmietvertrag: gut oder schlecht – who knows?

Wer einen Staffelmietvertrag unterschreibt, der kann Glück oder Pech haben, denn die darin festgelegten Mietzinssteigerungen sind für beide Seiten verbindlich. Davon kann der Mieter profitieren, wenn in Großstädten die Mieten in kürzester Zeit überproportional stark steigen, weil die Erhöhungen dank des Vertrags kalkulierbar sind und im Rahmen bleiben. Es kann sich jedoch auch nachteilig für ihn auswirken, etwa wenn die Vergleichsmiete sinkt und er an die Erhöhungen gebunden ist.

Oft wird mit der Staffelmiete auch gleich ein beidseitiger Kündigungsverzicht oder Kündigungsausschluss vereinbart. Dieser darf jedoch höchstens vier Jahre betragen und gilt für beide Parteien gleichermaßen. Wer die Vereinbarung unterschreibt und trotzdem vorzeitig ausziehen möchte, muss mit Schwierigkeiten rechnen. An anderweitige Vereinbarungen (zum Beispiel deutlich längere Fristen) ist der Mieter hingegen nicht gebunden. Wer auf Nummer sicher gehen will, kann eine Nachmietervereinbarung in den Vertrag aufnehmen lassen.

Wer unterschreibt, ist haftbar

Ziehen mehrere Personen in eine Wohnung ein, ist es sinnvoll, dass alle Mieter den Vertrag unterschreiben oder zumindest im Vertrag genannt werden (bei Ehepartnern oder Lebensgefährten), damit z. B. im Falle einer Trennung nicht einer das Nachsehen hat. Allerdings bedeutet das auch, dass man den Mietvertrag nur gemeinsam kündigen und schlimmstenfalls weiter zur Zahlung eines Mietanteils verpflichtet werden kann. Schließlich haften alle Unterzeichner gleichermaßen für die Gesamtmiete.

Für WGs empfiehlt sich daher, im Mietvertrag festzuhalten, dass die Räume an eine Wohngemeinschaft vermietet sind, deren Mietglieder jederzeit wechseln können. Es gibt dann einen Hauptmieter, der den Vertrag unterschreibt, während die anderen nur Nebenmieter sind, deren Namen dem Vermieter schriftlich mitgeteilt werden.

Alles zahlt der Mieter – oder doch nicht?

Grundsätzlich darf der Vermieter die anfallenden Neben- oder Betriebskosten auf die Mieter umlegen. Allerdings sind nicht pauschal alle Kosten umlagefähig – außer dies ist im Mietvertrag geregelt und der Mieter hat diese Vereinbarung unterzeichnet. Was alles erlaubt ist und was nicht, erfährt man beim Mieterbund oder bei den Verbraucherzentralen.

Die Betriebskosten dürfen entweder nach Quadratmetern oder einem Personenumlageschlüssel abgerechnet werden, was im Mietvertrag festgehalten sein muss. Versteht der Mieter die Nebenkostenabrechnung nicht, kann er nicht eindeutig erkennen, wie sich die einzelnen Posten zusammensetzen, oder hat er Zweifel an deren Richtigkeit, kann er den Vermieter um Erläuterung oder die Vorlage entsprechender Einzelrechnungen bitten. Einfach als unwirksam erklären kann er die Abrechnung nicht.

Bei Abrechnungen, die erst nach einer Frist von zwölf Monaten nach Ablauf des jeweiligen Kalenderjahres eintreffen, ist der Mieter nicht mehr verpflichtet, eventuellen Nachzahlungsforderungen nachzukommen.

Nachmessen lohnt sich

Was die Wohnungsgröße angeht, gilt Folgendes: Entscheidend ist, was im Mietvertrag steht. Und zwar auch dann, wenn die tatsächliche Wohnfläche kleiner ist, als im Vertrag angegeben. Demnach kann der

Mieter erst bei einer Abweichung von mehr als zehn Prozent der im Vertrag angegebenen Wohnfläche die Miete mindern oder fristlos kündigen. Gleiches gilt für die Betriebskosten, die bei einer Abweichung innerhalb der Toleranzgrenze wie gefordert fällig sind. Wer nicht in diese Falle tappen will, sollte also stets nachmessen, bevor er den Vertrag unterschreibt.

Vorsicht ist geboten, wenn im Mietvertrag ausdrücklich steht, dass die Angabe zur Wohnfläche unverbindlich ist oder wegen eventueller Messfehler nicht zur Festlegung des Mietzinses herangezogen werden darf. Dann hat man nämlich keine Handhabe bei Abweichungen, selbst wenn sie über zehn Prozent betragen.

Ich mach mir die Welt, wie sie mir gefällt

Wer sein Zuhause verschönern möchte, sollte als Mieter nicht einfach draufloswerkeln, damit hinterher nicht alles schön neu ist, während er ganz schön alt aussieht.

Grundsätzlich muss man unterscheiden zwischen Veränderungen, die in die bauliche Substanz der Wohnung eingreifen, und solchen, die dies nicht tun. Erstere sind nur mit Zustimmung des Vermieters möglich, letztere so gut wie immer erlaubt – jedenfalls wenn man sich an einige Regeln hält. Beispielsweise dürfen die Nachbarn dabei nicht dauerhaft gestört werden, und die baulichen Veränderungen müssen sachgerecht ausgeführt werden und jederzeit rückgängig zu machen sein.

Der Vermieter kann nämlich im schlimmsten Fall beim Auszug von dem Hobbyheimwerker verlangen, dass er den ursprünglichen Zustand der Wohnung wiederherstellt. Egal ob der Mieter den alten PVC-Boden durch ein Echtholzparkett ersetzt, im Bad ein neues Waschbecken eingebaut oder eine Decke abgehängt hat – der Vermieter ist nicht daran gebunden, diese Umbauten bei einem Auszug des Mieters zu übernehmen oder gar zu bezahlen. Er ist lediglich dann zu einer angemessenen Entschädigung verpflichtet, wenn er darauf besteht, dass die Einbauten in der Wohnung verbleiben oder wenn der Mieter eine schriftliche Modernisierungsvereinbarung mit ihm abgeschlossen hat. Wer also auf eigene Faust renovieren möchte, sollte eine solche Klausel in den Mietvertrag aufnehmen lassen.

Lediglich wenn die Umbaumaßnahmen dringend erforderlich waren, um die Wohnung weiter nutzen zu können, oder wenn der Mieter dadurch den Wohnwert nachweislich gesteigert hat, steht ihm auch ohne Vereinbarung eine Entschädigung zu bzw. muss er die Umbauten bei Auszug nicht rückgängig machen.

Schönheit ja, nur wie oft?
Schönheitsreparaturklauseln in Mietverträgen sind schon immer umstritten und nicht erst seit einem BGH-Urteil zur Fristregelung in den meisten Fallen ungültig. Oft ist auch nicht ganz klar, was alles unter die sogenannten Renovierungsarbeiten fällt, die der

Wohnungs- oder Hauseigentümer von seinem Mieter verlangen darf. Dazu gehören das Streichen und Tapezieren von Wänden und Decken ebenso wie das Streichen von Fenstern und Wohnungstüren von innen sowie das Streichen von Heizkörpern und Zimmertüren. Nicht verpflichtet ist der Mieter, Teppichböden auszuwechseln oder Parkettböden abschleifen und versiegeln zu lassen, und zwar auch dann nicht, wenn dies im Mietvertrag steht.

Ebenso unwirksam ist die Klausel, Renovierungsarbeiten innerhalb von bestimmten Fristen oder unabhängig von der Wohndauer auszuführen, etwa grundsätzlich bei Auszug. Da bei kurzer Mietdauer die Arbeiten womöglich gar nicht nötig sind, kann der Mieter nicht grundsätzlich dazu verpflichtet werden. Schließlich nutzt nicht jeder Mieter die Wohnräume gleich stark ab (z. B. Raucher – Nichtraucher). Steht also beispielsweise im Mietvertrag, dass die Küche und Nassräume alle drei sowie Wohn- und Schlafräume alle fünf Jahre zu renovieren seien, hat der Mieter Glück. Durch die ungültige Klausel muss er nicht mal bei Auszug renovieren, das ist dann Vermietersache.

Aufpassen sollte man allerdings bei Formulierungen wie »bei Bedarf«, »falls erforderlich« oder »je nach Zustand«. Wer das mit dem Mietvertrag unterschreibt, ist bei Auszug verpflichtet, die Wohnung zu renovieren.

Farbige Wände, Decken und Türen muss der Vermieter beim Auszug übrigens nicht akzeptieren, wenn die Wohnung bei Einzug des Mieters weiß gestrichen war. Dann kann er sehr wohl verlangen, dass der ursprüngliche Zustand wiederhergestellt wird.

Sicherheit gegen Schäden – die Kaution

Die meisten Vermieter verlangen von ihren Mietern eine Kaution, um sich gegen eventuelle Schäden an der vermieteten Wohnung oder ausstehende Mietzahlungen abzusichern. Die Kaution darf die Summe von drei Nettokaltmieten nicht übersteigen und muss dem Mieter nach Beendigung des Mietverhältnisses mit Zinsen zurückgezahlt werden. Im Mietvertrag sollte dazu eine entsprechende Klausel enthalten sein.

Die Summe kann in bis zu drei gleich hohen Raten gezahlt und sollte auf einem eigens dafür eingerichteten Sparkonto mit dreimonatiger Kündigungsfrist angelegt werden. Üblich sind auch ein gemeinsames, an den Vermieter verpfändetes Sparbuch oder eine Bankbürgschaft. Der Vermieter darf während der Dauer des Mietverhältnisses nicht über das Geld verfügen und es bei Auszug des Mieters nur in begründeten Fällen teilweise oder ganz einbehalten. Der Mieter muss dem Vermieter dabei nach Rückgabe der Wohnung eine gewisse Zeit lassen, damit er eventuelle Ansprüche in Ruhe prüfen kann.

Wer Ärger vermeiden will, sollte bestehende Mängel stets sofort melden oder beheben lassen und bei der Schlüsselübergabe auf ein Übergabeprotokoll bestehen, das von beiden Seiten unterschrieben wird. Darin sind entweder berechtigte Mängel festgehalten, oder es wird bestätigt, dass die Wohnung in einwandfreiem Zustand übergeben wurde und keine offenen Forderungen vonseiten des Vermieters bestehen.

Schöner wohnen?

Als mein Mann vor etwa fünf Jahren einen Job in Nürnberg annahm, hieß es mal wieder umziehen. Im Internet entdeckten wir ein Haus zur Miete, das so vielversprechend klang, dass mein Mann vor Begeisterung drei Nächte in Folge nicht schlafen konnte. Beim letzten Mal hatten wir ein Heidengeld für die Renovierung ausgegeben, das wollten wir diesmal nicht. Und das neue Objekt klang toll. Es war eine Gründerzeitvilla etwas außerhalb der Stadt, und die Fotos (allerdings nur Außenaufnahmen) sahen aus wie aus der *Architectural Design*.

Beim Besichtigungstermin dann aber die Überraschung: Es wartete ein persischer Geschäftsmann auf uns, der das Haus plötzlich nicht mehr vermieten, sondern verkaufen wollte. Gut, dachten wir, jetzt sind wir schon mal da, jetzt sehen wir es uns auch an. Und wenn es wirklich so toll ist, wer weiß… Vielleicht können wir ja mit unserer Bank reden.

Wie gesagt, von außen war das Haus wunderschön. Von innen aber leider eine einzige Katastrophe. Die rote Hochglanzküche mit Riffelblech auf dem Fußboden hatte wahrlich schon bessere Tage gesehen, die Wände waren in Farben gestrichen, von deren Existenz ich bisher nicht die leiseste Ahnung gehabt hatte, und die wunderschöne alte Holztreppe war mit einem fleckigen abgetretenen Teppich bezogen, das Geländer mit goldfarbenem Lack überpinselt.

Unser Traum vom Schöner-Wohnen war damit schneller zerplatzt, als wir »Nein, danke« sagen konnten.

Ines aus Wiesbaden

Wohnung mit Lerneffekt

Endlich! Einen Tag nach meinem achtzehnten Geburtstag hatte ich die Gesellenprüfung zur Friseurin bestanden. Das bedeutete: ein fester Arbeitsvertrag und genug Geld, um mit meinem Schatzi zusammenzuziehen.

Über meine Chefin, die supernett ist und die halbe Stadt kennt, kamen wir sofort an eine total günstige Wohnung. Sie hatte zwei Zimmer und war zwar winzig klein, aber dafür mitten in der Stadt, mit tausend Geschäften und Kneipen vor der Tür, und hatte sogar einen Balkon. Alles war perfekt, nur der Vormieter nervte total, weil er für seinen völlig abgewrackten Kleiderschrank sechshundert Euro Ablöse wollte.

Wir standen gerade mit ihm im Schlafzimmer und debattierten rum, da ging es los. Es wummerte, als würde ein Elefant versuchen, die Wand hinterm Bett einzutreten, erst langsam, dann immer schneller. Zwischendurch hatte ein Waschbär Verdauungsprobleme. Oder so ähnlich.

»Was geht'n da drüben ab? Is' da der Zoo?«, fragte mein Schatzi.

Dabei waren die Geräusche eindeutig zweideutig. Zum ersten Mal in meinem Leben war ich live bei einem Porno dabei, wenn auch ohne Bild.

Jemand stöhnte: »Yeah, Baby, gib's mir! Fester, ja, fester, jaaaaaaa!«

Es war so laut, dass ich schon unters Bett gucken wollte, ob die da drunter liegen.

Da fiel auch bei meinem Schatzi der Groschen. »Hier können wir nicht einziehen«, sagte er zu mir. »Das pack ich nicht.«

Der Vormieter guckte meinen Freund und mich an und sagte: »Biste noch nich aufgeklärt, oder wat? Stell dich nicht so an! Das machen die nur viermal die Woche. Außerdem könnt ihr von denen echt noch was lernen.«

»Danke, er kann genug«, sagte ich und zog meinen Freund in den Hausflur.

Sara aus Essen

Schwindelfrei

Als ich bei der Besichtigung einer Dachgeschosswohnung im sechsten Stock gegenüber der Vermieterin meine Struppi erwähnte, sagte sie im Brustton der Überzeugung: »Eine Katze … Im sechsten Stock? Das geht nun wirklich nicht.«

»Sie ist kein Freigänger, sondern eine reine Wohnungskatze«, erklärte ich der Frau und meinte im Scherz: »Und schwindelfrei ist sie auch.«

Doch die Frau ließ sich nicht davon abbringen und war durch kein Argument zu überzeugen. Eine Wohnung im Erdgeschoss hätte sie mir dagegen jederzeit vermietet – angeblich.

Helga aus Fürth

Heute bleibt die Küche kalt

Als ich aus der Provinz nach München in die große Stadt zog, fand ich meine erste Wohnung über eine Bekannte, die mir die Telefonnummer des Vormieters gab. Ich rief an, besichtigte die Wohnung, die zwar alt und renovierungsbedürftig, aber nicht allzu teuer war, und entschied mich spontan dafür.

Als es darum ging, den Mietvertrag zu unterschreiben, stand da auf einmal drin, dass ich die steinalte abgenutzte Küche vom Vermieter abkaufen müsse. Der Herd hatte noch nicht mal ein Cerankochfeld, und der Kühlschrank brauchte sicher so viel Strom wie ein Stahlwerk. Fünfhundert Euro wollte der Vermieter dafür haben, eine echte Unverschämtheit. Da ich ihn auf vierhundert Euro runterhandeln konnte, war ich ganz zufrieden und setzte meine Unterschrift unter den Vertrag. Dass es dem Vermieter aber gar nicht um die Ablöse, sondern um etwas ganz anderes gegangen war, merkte ich leider erst später … oder vielmehr *zu spät*.

Drei Wochen nach meinem Einzug ging der Herd kaputt. Eine Platte wurde gar nicht mehr heiß, eine andere nur noch lauwarm. Ich rief den Vermieter an und meldete ihm den Schaden, fest davon überzeugt, dass er sich darum kümmern würde.

»Moment mal, junge Frau. Sie haben mir die Küche abgekauft. Damit ist sie nicht mehr mein Besitz, sondern Ihrer. Was bedeutet, dass Sie sich selbst um die Reparatur oder einen neuen Herd kümmern müssen.«

»Das ist jetzt nicht Ihr Ernst«, war alles, was ich im ersten Moment dazu sagen konnte.

Er räusperte sich. »Oh doch, damit habe ich nichts mehr zu tun. Das steht so in Ihrem Mietvertrag.«

Daraufhin war ich erst mal platt. Geschickt einge-
fädelt, dachte ich, denn das war ihm sicher vorher
klar gewesen, dass der alte Herd es nicht mehr lange
machte. Eigentlich hätte er vor dem Mieterwechsel eine
neue Küche in die Wohnung einbauen lassen müssen.
Durch seinen cleveren Schachzug hatte er sich nicht
nur das Geld für die neue Küche gespart, sondern sich
auch noch vor den anstehenden Reparaturkosten gedrückt. Und ich dumme Nuss war ihm auf den Leim
gegangen. Wie ärgerlich!

Karina aus München

Vogeljäger

Mir hat mal ein Vermieter eine Wohnung mit der Begründung abgesagt, dass er keine Vogelmörder in seinen vier Wänden dulde.

Mein Argument, dass mein Kater eine Wohnungskatze sei und noch nie in seinem Leben einen Vogel aus
der Nähe gesehen habe, ließ er nicht gelten. Die Katze
seiner Nachbarn hatte sich wohl kurz zuvor den ent-
flogenen Wellensittich seiner Tochter einverleibt, was
er ihr – und sämtlichen auf diesem Planeten lebenden
Stubentigern – nicht verzeihen konnte.

Sippenhaft nennt man das, glaub ich …

Melanie aus Göttingen

Altersdurchschnitt

Dass man mit knapp sechzig auf dem Arbeitsmarkt
keine Chancen hat, das habe ich ja inzwischen verstanden, auch wenn ich es sehr schade finde. Dass es jetzt
aber auch auf dem Wohnungsmarkt eine Altersgrenze
gibt, war mir nicht bekannt, bis ich letztes Jahr nach

dem Tod meines Mannes auf der Suche nach einer kleineren Wohnung war.

»Rentnerin sind Sie? Nein, das ist eher nicht unsere Klientel. Wir setzen mehr auf Berufstätige zwischen dreißig und fünfundvierzig. Am liebsten sind uns Paare, nicht Einzelpersonen. Die können sich die exklusiven Objekte auf jeden Fall leisten.«

Was ich mir nicht leisten kann? Meine Zeit mit derart ätzenden Menschen zu verbringen.

Gerlinde aus Bamberg

MITTWOCH, 3. APRIL – TAG 32

Status quo

Wunsch: *3 Zimmer bis 75 qm (nach Möglichkeit provisionsfrei), 2. oder 1. OG (notfalls auch EG), cooles Stadtviertel, Wohnküche, Etagenheizung, modernes Tageslichtbad, Balkon, Keller, Parkplatz und nette Nachbarn*

Budget: *1200–1300 € Warmmiete*
Angerufene Makler: *3*   **Erhaltene Absagen:** *13*
Neue Angebote per Mail: *4*   **Besichtigungen:** *25*
Grad der Verzweiflung:
3 von 10   **Euphorie:** *50*

Hm, irgendwie habe ich die Angelegenheit ein bisschen unterschätzt. Mal abgesehen davon, dass die ganze Welt derzeit in München auf Wohnungssuche zu sein scheint und den Maklern und Vermietern die Buden einrennt, bin ich, was das Preisniveau für eine Dreizimmerwohnung angeht, offenbar irgendwo im Jahr 1977 stehen geblieben. Anders kann ich mir nicht erklären, dass in manchen Stadtteilen satte zweiundzwanzig Euro pro Quadratmeter verlangt werden. Kaltmiete wohlgemerkt.

Um sicherzugehen, dass ich keiner Fata Morgana aufgesessen bin, lege ich einen Rechercheabend ein, und statt ins Kino zu gehen, liege ich mit den Möpsen auf der Couch und gehe ins Web. Das Ergebnis haut mich um. Ist ja alles noch viel schlimmer als gedacht! München, Hamburg, Berlin, Düsseldorf, Stuttgart, Köln – Preise zwischen fünfzehn und zwanzig Euro kalt pro Quadratmeter. Das können sich bald alles nur noch Scheichs und russische Oligarchen leisten.

Hm, was tun? Reich heiraten? Nö.

Die Möpse verkaufen? Bringt nicht genug ein. Außerdem geb ich die nicht mehr her.

Ein Umzug in die Provinz kommt für mich nicht infrage. Ich bin eine Großstadtpflanze. Laut Tabelle bleibt nur der Osten. Dort sieht's noch ganz gut aus.

Aber will man das? Auch nö.

Aha, da steht es schwarz auf weiß: In München wohnt man deutschlandweit also am teuersten, und zwar mit Abstand. Wäre ich ohne Ranking sicher nicht draufgekommen. Im Durchschnitt ganze 10,25 Euro kalt pro Quadratmeter – das sind fünfundsechzig Prozent mehr als im Bundesdurchschnitt. Wow, nur wo sind in dieser Stadt die Wohnungen für knappe zehn Öcken kalt? Die müssen sich ganz schön gut versteckt haben. Vermutlich in Hasenbergl oder Perlach oder… Jedenfalls nicht dort, wo ich suche.

Die Mieten steigen und steigen, die Skala scheint nach oben offen. Tolle Aussichten und noch ein Grund mehr, sich ranzuhalten. Jedenfalls weiß ich jetzt, dass ich in Germering, Stuttgart, Leinfelden-Echterdingen (Wo, um Himmels willen, ist das denn?), Dachau,

Tübingen, Köln, Frankfurt am Main, Ditzingen und Wiesbaden auch nicht zu suchen brauche. Das waren 2014 laut Spiegel nämlich die zehn teuersten Städte in Deutschland. Hamburg kommt erst auf Platz fünfzehn, Düsseldorf auf zwanzig und eine ostdeutsche Stadt ist unter den ersten dreißig überhaupt nicht zu finden.

Im Osten hat man bei der Wohnungssuche gute Chancen, wenn man nicht nach Jena, Erfurt oder Rostock will. Berlin kann sich auch bald keiner mehr leisten, dort ist der heftigste Preisanstieg bundesweit zu verzeichnen. Außer man schafft es, einen alten Mietvertrag zu übernehmen, aber wann klappt das schon mal? Ich krieg ja noch nicht mal einen neuen!

Wollte ich in einer Großstadt günstig wohnen, hätte ich die Wahl zwischen Berlin-Waidmannslust (dort wäre ich mit sagenhaften 5,69 Euro dabei), Berlin-Marzahn (5,77 Euro), Düsseldorf-Garath (7,08 Euro), dem Frankfurter Bahnhofsviertel (7,27 Euro), Hamburg-Rönneburg (5,79 Euro) und Köln-Chorweiler (5,47 Euro).

Wenn's unbedingt München sein soll, bleibt mir Allach im Nordwesten mit 11,54 Euro. Aber wer will da schon hin?

Stuttgart geht auch nicht, das liegt durchgängig über acht Euro, und dafür bekommt man nur Hedelfingen. Dabei ist die Kehrwoche echt schon schlimm genug.

Leipzig wäre ganz günstig, in Lausen-Grünau wäre ich zum Beispiel mit 4,35 Euro am Start. Aber wenn's dort ähnlich lausig aussieht, wie der Name klingt, dann gute Nacht!

Jena ist mit 6,88 Euro für Lobeda (Hallo? WTF!) viel zu teuer (jedenfalls für den Gegenwert, den man dafür bekommt), ziehe ich also nicht in Betracht, und in Erfurt müsste ich schon an den Moskauer Platz ziehen, um mit 4,72 Euro billig zu wohnen. Das ist zwar echt günstig, aber warum nicht gleich Nowosibirsk?

Dresden wäre noch ganz schön. Strehlen wäre für 5,39 zu haben.

Nach den teuren Vierteln hab ich gar nicht erst geguckt, vom Regen in die Traufe brauche ich ja nicht zu kommen. Aber lassen wir das, sonst krieg ich noch ernsthaft schlechte Laune.

Was wäre die Alternative? Kaufen? Bei den Zinsen gerade angeblich nicht die schlechteste Idee. Aber was nutzen mir günstige Zinsen, wenn die Immobilienpreise in den letzten Jahren dafür um gut fünfzig Prozent gestiegen sind und ich gleich 'ne Dreiviertelmillion aufnehmen müsste, um meine gewünschte Dreizimmerwohnung zu bekommen? Wenn in zehn Jahren die Zinsen wieder steigen und meine Kreditbindung ausläuft, sehe ich ganz schön alt aus. Dann können die Möpse in der Kaufinger Straße um Futter betteln gehen. (Mit ihrem Augenaufschlag dürfte das allerdings kein Problem sein…)

Also, kaufen in München ist total sinnlos, da kann ich auch gleich in Kampen auf Sylt losziehen und 5,2 Millionen für eine schnöde Villa auf den Tisch legen. Wenn ich mir 35.000 Euro für den Quadratmeter Sylt leisten kann, bekommen die Möpse aber goldene Futternäpfe, so viel steht fest! Obwohl, was will ich da oben im Norden? Die Südliche Seestraße oder die Seeuferstraße in Starnberg gäb's schon ab

15.000 Euro, ein echtes Schnäppchen, was? Und selbst Bad Wiessee am Tegernsee nimmt sich mit bis zu 25.000 Euro dagegen günstig aus. Außerdem könnte ich im Notfall wahlweise Uli Hoeneß anpumpen oder in der Spielbank mein Glück versuchen, sollte ich die Raten mal nicht zahlen können.

Ganze 25.000 Kröten pro Quadratmeter hat doch tatsächlich irgendein Idiot für den komischen The Seven Tower im Münchner Glockenbachviertel gezahlt. Dem ist auch nicht mehr zu helfen. Wenn das mal nicht gnadenlos überbewertet ist. In Kampen hab ich's wenigstens nicht weit zum Meer, und ein See ist immer noch ein See – aber ein hässliches Hochhaus im Münchner Glockenbachviertel? Ist das ein Witz?

Die meisten Makler könnten auch Eskimos Kühlschränke verkaufen. Oder den Norwegern Wasser. Oder einem Veganer Eierpfannkuchen mit Hackfleischfüllung. Nur bei mir beißen sie auf Granit. Das schwör ich mir – und den Möpsen.

Katerfrühstück

Als ich zum Studieren nach München kam, suchte ich auch über das Studentenwerk eine Bleibe und ging erst mal mit einer Schachtel Pralinen zur Beauftragten, die für die Wohnheime zuständig war. Das Präsent kam gut an, und ich durfte auch ohne Termin vorsprechen.

Eine Bekannte von mir wohnte damals schon in einem Wohnheim und hatte mir den Tipp gegeben, dass in ihrem Haus demnächst zwei Zimmer frei würden, eines mit zwölf und eines mit vierzehn Quadratmetern, beide in einer Vierer-WG. So zu leben, konnte ich mir gut vorstellen und freute mich schon auf nette neue Leute und gute Stimmung.

Als ich die Sachbearbeiterin auf die beiden Zimmer ansprach, sagte sie: »Die wären tatsächlich noch zu haben. Aber Sie wissen schon, dass in den WGs sonst nur Chinesen wohnen?« Dabei hob sie vielsagend die Augenbrauen.

Ich, völlig euphorisch, dass ich so schnell und unkompliziert an ein Zimmer kommen könnte – und ahnungslos dazu –, sagte schnell: »Das ist doch gar kein Problem! Mit denen komme ich schon aus.«

»Wenn Sie meinen«, erwiderte die Frau.

»Ich würde dann einfach das nächste Zimmer nehmen, das frei wird. Ich war schon mal bei meiner Bekannten in dem Studentenwohnheim«, schwindelte ich. »Dort hat es mir supergut gefallen.«

»Na, wenn das so ist …«, sagte die Frau und versprach, sich wieder bei mir zu melden.

Keine zwei Wochen später unterschrieb ich den Mietvertrag ohne Besichtigung und ging danach auf eine Party, wo ich meinen Erfolg gebührend feierte.

Der Kater kam dann am nächsten Morgen beim Einzug. Der Hausflur war komplett versifft, im Wohnzimmer, das als Gemeinschaftsraum dienen sollte, standen ausrangierte Autositze, alles war voller Müll, dazwischen vollgestopfte Tüten, Kartons, Kram. Damit war der Raum definitiv nicht nutzbar, außerdem stank es bestialisch. Mein Zimmer war alles andere als besenrein, weshalb ich es erst mal schrubben musste, bevor ich auch nur einen Schritt auf dem klebrigen Fußboden machen konnte. Außerdem stellte sich bald heraus, dass einer der Mitbewohner sein Zimmer ständig untervermietete, und zwar auch für einzelne Tage, weshalb andauernd fremde Leute in der Wohnung waren. Daraufhin kaufte ich mir erstens ein Schloss für meine Tür und begab mich zweitens erneut auf Wohnungssuche.

Seitdem habe ich nie mehr eine Wohnung angemietet, ohne sie vorher zu besichtigen.

Franca aus München

Dachterrasse mit Blick in die Zukunft

Wir sehen uns eine sündhaft teure Neubauwohnung mit Dachterrasse in Sendling an, die vor allem für ihren einmaligen Blick über das »wunderschöne München« beworben wurde. Zu unserem Entsetzen gucken wir aber direkt auf drei Kräne in der Baugrube gegenüber, wo das Nachbargebäude entsteht.

»Was ist das denn?«, frage ich entsetzt.

Darauf der Makler trocken: »Ein Blick in die Zukunft.«

Elisabeth aus München

Ein paar Minütchen

Ich bin seit Längerem krankheitsbedingt arbeitsunfähig und mit meinen einundfünfzig Jahren nicht mehr so fit und belastbar, wie ich gern möchte. Die Wohnung, in der ich derzeit wohne, ist feucht, was Gift für mein Asthma ist.

Seit vielen Jahren bin ich nun auf der Suche nach einer neuen Wohnung, habe auf dem schwer umkämpften Wohnungsmarkt in Köln aber einfach keine Chance. Trotzdem gebe ich nicht auf und versuche es immer wieder. Derzeit bekomme ich eine Erwerbsunfähigkeitsrente, die nur wenig höher ist als der Hartz-IV-Satz. Trotzdem muss ich für meine Miete selbst aufkommen. Bei den Genossenschaften stehe ich überall auf den Listen – so weit hinten, dass ich vermutlich zehn Jahre nach meinem Tod den ersten versprochenen Rückruf bekomme.

Also doch wieder der freie Markt. Ich erzähle den Vermietern immer gleich am Telefon, wie es um mich steht, damit ich mir die vielen unnötigen Besichtigungen spare, so auch diesmal. Der Vermieter hat aber kein Problem mit meiner Erkrankung. Wunderbar, dann steht der Wohnungsschau ja nichts mehr im Wege!

Ich habe einen Termin um Viertel vor drei für eine Einzimmerwohnung in der Südstadt. Sie liegt an einer großen, lauten Straße, ist aber frisch renoviert und hat sogar eine abtrennbare Nische fürs Bett.

Ich bin keine zwei Minuten in der Wohnung, da klingelt es, und der Vermieter macht die Tür auf.

Eine junge hübsche Frau tritt ein und entschuldigt sich. »Sorry, ich bin ein paar Minütchen zu früh«, sagt sie und lächelt kokett.

»Genau genommen sind Sie *dreizehn* Minütchen zu früh«, sage ich genervt.

Da meint der Vermieter: »Ist doch kein Problem! Kommen Sie, ich zeige Ihnen gleich alles.«

Damit wendet er sich ab und schenkt mir keine weitere Beachtung mehr. Ich stehe da, wie bestellt und nicht abgeholt.

Als die beiden kurz darauf die Küche verlassen, sagt er doch glatt zu mir: »Ach, Sie sind immer noch da?«

Ohne ein Wort drehe ich mich um und gehe.

Eine ehemalige Krankenschwester aus Köln

Vertrautes schafft Vertrauen

Ich hätte nie gedacht, dass mir mein Heimatort in Spanien im fernen Deutschland mal zu einer Wohnung verhelfen würde – doch genau so war es. Es ist mir nicht leichtgefallen, mein Land zu verlassen, aber ich habe dort keine Zukunft für mich gesehen. Mit neunundzwanzig habe ich mein Leben noch vor mir und will etwas daraus machen.

Meine Freundin und ich stammen beide aus Conil de la Frontera, das liegt etwa vierzig Kilometer südlich von Cádiz in Andalusien, ganz in der Nähe von Gibraltar. Die meisten Menschen bei uns leben vom Tourismus, und seit Ausbruch der großen Krise in Spanien hatten wir wenig Hoffnung, einen gut bezahlten Job zu finden. Ich habe daraufhin an einem Programm der Europäischen Union teilgenommen, Deutsch gelernt und arbeite inzwischen als Tiefbauingenieur in Frankfurt am Main.

Anfangs bin ich in einer Art Männerwohnheim untergekommen, in dem lauter Spanier lebten. Das war sehr schön, weil man sich in der Fremde nicht so allein fühlte, doch es gab dort ausschließlich Mehrbettzimmer, und wir hatten bloß einen schmalen Spind für unsere privaten Sachen. Nachdem klar war, dass ich in dem Job bleibe, machte ich mich auf die Suche nach einer Wohnung.

Ich habe mir wirklich viele Angebote angesehen, die meisten davon über Makler, und war schon kurz vorm Verzweifeln, da entdeckte ich in der Mittagspause einen Zettel im Supermarkt. Er hing an einer dieser Wände, an denen man Kärtchen mit Gesuchen und Angeboten aushängen kann. Ich wollte mein Deutsch weiterhin verbessern und war auf der Suche nach einem deutschen Muttersprachler für ein Tandem. So nennt man das, wenn man sich gegenseitig Sprachunterricht gibt. Also hielt ich die Augen auf nach Sprachgesuchen – und fand etwas ganz anderes. Auf einem dieser Kärtchen wurde eine Wohnung gleich um die Ecke angeboten, direkt von der Vermieterin. Ich rief sofort an und vereinbarte einen Termin.

Die Wohnung (zwei Zimmer, Küche, Bad und ein kleiner Balkon in den Innenhof) gefiel mir sehr gut, allerdings rechnete ich mir keine großen Chancen aus, weil es etliche Mitbewerber gab. Obwohl – ich war der Vermieterin, einer gepflegten Dame um die sechzig mit weißblonden Locken, überaus sympathisch. Als sie hörte, woher ich komme, wechselte sie ins Spanische und erzählte mir, dass sie total begeistert von Andalusien und sogar schon zweimal in Conil de la Frontera gewesen sei. Sie schwärmte vom besten Fischrestaurant im Ort und erzählte mir, dass sie die weißen Dörfer in der Gegend jedes Mal aufs Neue faszinierten.

Am Ende habe ich die Wohnung tatsächlich bekommen, und zwar wegen der schönen Erinnerungen, die meine Vermieterin mit meinem Heimatort verbindet. »Wer aus einem so schönen Fleckchen kommt, der muss ein guter Mieter sein«, sagte sie lachend, als wir den Mietvertrag unterzeichneten. Mit ihrem Lieblingssherry aus Jerez stießen wir auf ein gutes Mietverhältnis an, das bis heute anhält.

Fernando aus Frankfurt am Main

Ziemlich weit draußen

Anfangs noch froh über das Doppelzimmer im Studentenwohnheim Am Neuenheimer Feld, das ich mir mit einer spanischen Gaststudentin teilte, fühlte ich mich bald von der Hausmeisterin so sehr schikaniert, dass ich ausziehen wollte. Klar, das Zimmer war sehr günstig, aber der Hausdrache samt seiner Bespitzelungen und Gängelungen trieb den Preis zu sehr in die Höhe.

Ich machte mich also auf die Suche nach einer Wohnung in der Innenstadt von Heidelberg, um schneller an meinem Institut zu sein. Es dauerte nicht lange, und ich hatte einen Besichtigungstermin für ein Apartment, das sich laut Anzeige super anhörte. Ich machte mich also nett zurecht und fuhr mit dem ÖPNV ins Herz von Heidelberg.

In der wirklich sehr schönen kleinen Wohnung erwartete mich ein leicht schmieriger Vermieter mittleren Alters, der sich wohl ungeheuer charmant, attraktiv und clever vorkam. Er selbst wohne in Neckargemünd, erzählte er mir, einem Vorort von Heidelberg. Da er häufiger unterwegs sei, gebe es für die Anmietung des

Apartments eine Bedingung. Der Mieter müsse während seiner Abwesenheit den privaten Kleintierzoo bei ihm zu Hause versorgen: Kaninchen, Meerschweinchen und ein Papagei.

»Oh, wie süß«, rutschte es mir spontan heraus. Schnell fügte ich hinzu: »Das kann ich gerne tun, ich habe nichts gegen Tiere.«

Schließlich wollte ich mir die Option auf die zentrumsnahe, günstige Wohnung offenhalten. Auch wenn ich im selben Moment schon fieberhaft überlegte, wie ich die Bude in der City ergattern und trotzdem um das Viehzeug herumkommen konnte. Ständig aufs Land zu tingeln, um die vierbeinigen Bewohner meines Vermieters zu füttern, war nicht gerade verlockend.

»Neckargemünd ist aber schon ziemlich weit von hier«, sagte ich gedehnt und mit rotierenden Gehirnrädchen.

Daraufhin trat er einen Schritt näher, beugte sich zu mir und meinte zutraulich: »Ach, alles kein Problem. Ich kann Ihnen die Tiere auch jedes Mal herbringen. Dann machen wir es uns noch ein bisschen gemütlich und lernen uns besser kennen …«

»Na ja«, setzte ich an, denn meine Begeisterung hielt sich in Grenzen.

Er rückte noch ein bisschen näher und sah mir tief in die Augen. »Ich zeige mich auch gerne erkenntlich.«

Igittigitt!

»Nein, danke«, sagte ich betont höflich. Eine Wohnung mit Haustiersitternebenjob und sonstigen Avancen?, fügte ich in Gedanken dazu. Niemals!

Fluchtartig suchte ich das Weite, weil mir allein vor der Vorstellung gruselte, dass der anhängliche Herr

Vermieter in spe tatsächlich eines Tages auf der Matte stehen und sein »Versprechen« einlösen könnte.
Beate aus Mönchengladbach

Ein Leben auf der Warteliste
Bei der Wohnungssuche stürze ich mich erst mal auf die Baugenossenschaften, die ich eine nach der anderen abtelefoniere. »Die Wartelisten san voll«, heißt es meist. »Mia nehma koan mehr auf.«

Davon lasse ich mich aber nicht entmutigen, sondern wähle mir weiterhin die Finger wund. Bis ich an eine Sachbearbeiterin gerate, die mich nicht sofort abwimmelt. Von einer Bekannten habe ich den Tipp bekommen, dass eine Zweizimmerwohnung für siebenhundertfünfzig Euro warm frei würde, und ich probiere es einfach.

»Wie viel Geld haben Sie denn monatlich zur Verfügung?«, fragt die Frau am anderen Ende.

»Na ja«, sage ich, »so fünfzehn- bis sechzehnhundert.«

»Das ist zu wenig, das reicht nicht«, kommt es wie aus der Pistole geschossen.

Ich bin so verdattert, dass ich nur leise »Danke« sage und auflege. Darüber ärgere ich mich den ganzen Nachmittag lang, also rufe ich am nächsten Tag noch mal an, erkläre ihr, wer ich bin, und sage: »Ich könnte jetzt siebzehnhundert entbehren.«

»Das reicht auch nicht«, meint die Frau unfreundlich und versucht mich wieder abzuwimmeln.

Diesmal frage ich nach, wie viel man denn verdienen müsse, um die Wohnung zu bekommen.

Doch sie gibt mir keine Antwort und lässt mich danach auch nicht mehr zu Wort kommen. »Sie stehen auf unserer Warteliste. Wenn wir was Passendes für Sie haben, rufen wir Sie an«, meint sie nur und legt auf.

Wenig überraschend, dass ich nie mehr von ihr gehört habe.

Ivonne aus München

Vorher – nachher

Ich war überglücklich! Endlich hatte ich für mein Auslandsjahr in Italien eine geeignete Wohnung gefunden, noch dazu am berühmten Campo de' Fiori in Rom. Was wollte ich mehr?

Na ja, sie war mit tausend Euro schon deutlich teurer als geplant, aber dafür wunderschön. Dass im Mietvertrag dann plötzlich zwölfhundert Euro standen, ließ ich mir auch noch gefallen, zumal mir die Vermieter versprachen, vor meinem Einzug noch mal alle Räume zu streichen.

Als ich am Tag meines Einzugs jedoch die Tür aufschloss, traf mich fast der Schlag. Nicht nur, dass hier niemand auch nur einen Pinsel in die Hand genommen hatte, die bei der Besichtigung noch so gut wie leere Wohnung war bis in den letzten Winkel vollgestellt. Mit Möbeln, die selbst für den Sperrmüll zu schäbig gewesen wären. Oder den Transport dorthin gar nicht überlebt hätten, weil sie vorher von allein auseinandergefallen wären.

Die Vermieter waren nicht zu erreichen, also machte ich mich wutschnaubend mit Freunden daran, alles zu entrümpeln, und entdeckte zu meiner großen Freude auch noch eine tote Taube hinter der Klimaanlage. Aber was tut man nicht alles für eine eigene Wohnung, wenn man unbedingt in Italien studieren will und so spät dran ist, dass der Wohnungsmarkt für Studenten nichts mehr hergibt...

Kathrin aus Stelle

Langsame Mühlen

Da ich als alleinerziehende Mutter für eine Sozialwohnung infrage kam, meldete ich mich beim Amt für Wohnen und Migration, um einen entsprechenden Antrag zu stellen. Zunächst bekam ich einen Schock, weil die Sachbearbeiterin meinte, ich sei weniger als fünf Jahre in München und damit nicht anspruchsberechtigt. Doch dann kam heraus, dass es eine Sonderregelung für Alleinerziehende gibt, die nur zwei Jahre hier wohnen müssen, um für eine Sozialwohnung zugelassen zu werden.

Ich füllte also brav alle Anträge aus und wartete.

Und wartete.

Und wartete.

Währenddessen suchte ich weiter eine neue Wohnung und musste so manches tolle Angebot ablehnen, weil mir noch immer dieser blöde Schein fehlte. Irgendwann gab ich auf und zog zurück zu meiner Familie nach Bayreuth. Die neue Adresse teilte ich dem Amt selbstverständlich mit.

Keine sechs Wochen später kam ein Schreiben vom Amt, dass ich auf eine geförderte Wohnung Anspruch hätte und mich auf die Suche machen könne. Die Bearbeitungsgebühr von fünfzehn Euro solle ich doch bitte auf das angegebene Konto überweisen. Was ich in Bayreuth mit einer Sozialwohnung in München sollte, konnte mir die Frau vom Amt dann auch nicht erklären. Immerhin musste ich die fünfzehn Euro nicht zahlen – aus Kulanz, wie man mir freundlich mitteilte.

Vielen Dank auch!

Alleinerziehende Mutter aus Bayreuth

Gratismann inklusive

Ein Haus am See zur Miete war schon immer mein Traum. Besonders groß sollte es nicht sein, schließlich wollte ich allein einziehen, aber ein toller Garten mit Terrasse und ein helles geräumiges Zimmer unterm Dach waren meine Idealvorstellungen.

Ich suchte über ein halbes Jahr lang, in der Zeitung, im Internet, über Zettel im Supermarkt und Mund-zu-Mund-Propaganda und gab sogar selbst eine Anzeige in einer Regionalzeitung auf. Abends nach der Arbeit, vor allem aber am Wochenende, sah ich mir Haus um Haus an – entweder irgendetwas passte nicht, oder jemand anders bekam den Vorzug. Bald hatte ich den Eindruck, jedes Einfamilienhaus rund um den Starnberger See zu kennen.

Fast hatte ich mich schon mit dem Gedanken angefreundet, in meiner großzügigen Wohnung im zweiten Stock eines Mehrfamilienhauses zu bleiben, da entdeckte ich die Anzeige in der *Süddeutschen Zeitung*. »Architektentraum«, stand in der Überschrift, was sofort meine Aufmerksamkeit auf sich zog. Die Angaben in der Anzeige klangen einfach nur toll: schön gelegen mit Seeblick, mit riesigem gepflegtem Garten, einem vier Meter hohen offenen Wohn-Ess-Bereich mit riesiger Glasfront und dazu das gesuchte Dachstudio, sogar mit Minibad. Das war mehr, als ich zu träumen gewagt hatte – und bezahlbar dazu.

Obwohl ich mir sicher war, dass dieses vielversprechende Objekt nicht ohne Haken zu haben sein würde,
machte ich einen Besichtigungstermin aus. Der Vermieter, ein sehr sympathischer Mittfünfziger, führte mich
durch die Räume und erklärte mir alles ganz genau. Er
hatte das Haus mit viel Liebe zum Detail selbst gebaut,
was man an zahlreichen Kleinigkeiten erkennen konnte:
dem durchdachten Heizsystem mit Sonnenkollektoren,
der gemütlichen Leseecke im Wintergarten, dem lie-
bevoll angelegten Kräuterbeet vor dem Küchenfenster.

Hellauf begeistert, stellte ich ihm tausend Fragen, die
er ebenso geduldig wie ausführlich beantwortete. Nur
bei einer Frage zuckte er kurz zusammen, nämlich als
ich wissen wollte, warum um alles in der Welt er dieses tolle Haus vermieten wolle. Da erzählte er mir, dass
seine Frau und er sich getrennt hätten und er das Haus
allein nicht weiterfinanzieren könne.

Meine betretene Miene wischte er mit einem locke-
ren Spruch beiseite, und als ich kurz darauf nach Hause
zurückfuhr, lag der Mietvertragsentwurf ausgedruckt
und in eine Klarsichthülle gepackt auf dem Beifahrer-
sitz.

Ach ja, der Haken: Den Vermieter habe ich sozusagen als Gratispaket dazubekommen. Er ist inzwischen
mein Mann, und wir leben unseren Traum vom tollen
Heim gemeinsam.

Eine Ärztin aus Tutzing

Hü oder Hott

Ich hatte ein super Gefühl, nachdem ich mit der Maklerin die Einzimmerwohnung in Schwabing besichtigt
hatte. Wir hatten uns unterhalten wie beste Freundin-

nen, meine Unterlagen passten, und ich hatte ihr gefühlte tausend Mal versichert, dass ich Interesse hätte.
Großes Interesse.

Als ich zwei Tage später anrief, um vorsichtig nachzufragen, hieß es zu meiner Überraschung: »Herzlichen Glückwunsch, die Wahl ist auf Sie gefallen. Wann
können Sie vorbeikommen, um den Vertrag zu unterschreiben?«

»Sofort!«, hätte ich am liebsten gerufen, fand es dann
aber irgendwie uncool und sagte daher: »Wie wär's mit
übermorgen um zehn?«

Zwei Tage später rief ich meinen Vermieter an und
kündigte meine Wohnung, ehe ich mich auf den Weg
zur Maklerin machte. Dort wartete eine Überraschung
auf mich – und leider keine schöne.

»Es ist mir schrecklich peinlich«, sagte die Dame zer-
knirscht, und es klang sogar ehrlich. »Aber der Eigentümer hat mich vor zehn Minuten angerufen. Er hat es
sich leider anders überlegt.«

»Wie das denn? Das geht doch nicht«, sagte ich völlig geplättet.

»Nun ja…«, druckste sie herum. »Seine Enkelin hat
überraschend über die ZVS einen Studienplatz in München bekommen, daher braucht er die Wohnung nun
doch selbst.«

Ihr Angebot, sich bei mir zu melden, wenn sie etwas
Passendes hätte, schlug ich wütend aus.

Noch auf der Straße vor ihrem Büro versuchte ich,
meinen alten Vermieter zu erreichen, um meine Kündigung rückgängig zu machen. Hektisch schilderte ich
ihm, was mir gerade passiert war.

»Da haben Sie aber großes Glück«, sagte er, »ich

hatte noch keine Zeit, mich darum zu kümmern. Außerdem habe ich nichts Schriftliches von Ihnen... Also betrachten wir die Kündigung als nichtig.«

Ich glaube, ich war noch nie jemandem so dankbar.

Franca aus München

Mama-WG mit Hindernissen

Eines Abends nach drei Gläsern Wein hatte ich die Lösung: Ich würde eine Mama-WG gründen. Damit konnte ich gleich zwei Fliegen mit einer Klappe schlagen. Zum einen war das für die Vermieter sicher attraktiver, da wir die Miete zu zweit erwirtschaften konnten. Zum anderen gab es den Babysitter-Service gratis dazu, da wir uns mit den Kindern abwechseln konnten. Das bedeutete nicht nur eine realistische Chance auf eine große Wohnung, sondern endlich auch mal wieder einen freien Abend! Zusammen mit einer anderen jungen Mutter, die ich über eine Freundin kennengelernt hatte, wollte ich das Abenteuer wagen, und wir machten uns mit unseren beiden Knirpsen auf die Suche.

Über eine Bekannte kam ich an eine Vierzimmerwohnung in der Säbener Straße. Sie gehörte ihrer Mutter, die zurück nach Tschechien wollte und daher auf Mietersuche war. Wow, ein Angebot mit Connections, dachte ich, und ohne Makler – wie geil ist das denn?

Meine potenzielle Mitbewohnerin war ebenfalls sofort begeistert, also rief ich die Frau an. Ich legte die Karten auf den Tisch und erzählte ihr unsere Geschichte. Sie gab sich mitfühlend, und wir machten einen Besichtigungstermin aus.

Die Wohnung war nicht ganz so toll wie erhofft: im Erdgeschoss, unrenoviert, mit alten Fenstern, zwei

Minibädern und insgesamt sechsundachtzig Quadratmetern nicht allzu groß für uns vier. Aber es war uns egal.

»Okay, was könnt ihr beiden denn zahlen?«, fragte die Frau.

Ich überlegte kurz, ob ich pokern sollte, doch dann nannte ich unsere Schmerzgrenze. »Vierzehnhundert warm«, meinte ich.

Sie nickte. »Das können wir machen. Sie können die Wohnung zu dem Preis haben. Den Mietvertrag schicke ich Ihnen dann zu.«

Am Abend stießen wir erst mal auf unseren schnellen Erfolg an und kündigten unsere Wohnungen, damit wir nicht doppelt Miete zahlen mussten, denn das war bei dem Preis echt nicht drin, zumal die Kaution saftig war, die wir bei der Vermieterin als Sicherheit hinterlegen mussten.

Eine Woche lang guckten wir jeden Tag in den Briefkasten, doch der Mietvertrag kam nicht. Ich rief die Vermieterin an, die mir versicherte, dass er unterwegs sei. Das Spielchen machten wir ungefähr fünf Mal, dann war endlich der ersehnte große Umschlag da.

Doch die Ernüchterung war groß: Statt der vereinbarten vierzehnhundert standen nun eintausendsechshundert Euro drin, außerdem war es ein Staffelmietvertrag!

Panisch rief ich die Vermieterin an, um mit ihr zu verhandeln.

»Tut mir leid, dann wird das nix«, sagte sie völlig kalt. »Die Miete ist mein Einkommen, davon muss ich leben.«

Ich hatte einen Kloß im Hals. »Aber wir haben uns

auf Sie verlassen und unsere Wohnungen schon gekündigt. Wenn das nicht klappt, stehen wir mit zwei kleinen Kindern auf der Straße. Das können Sie doch nicht wollen«, drückte ich auf die Tränendrüse.

Es wirkte.

»Na gut«, meinte die Vermieterin, und wir einigten uns auf fünfzehnhundert Euro warm für zwei Jahre. Danach wollten wir uns noch mal zusammensetzen.

Wir zogen zwar tatsächlich ein, weil wir auf die Schnelle unmöglich etwas anderes gefunden hätten, aber für uns beide war klar, dass wir niemals bis zum Ende der vereinbarten Zeit dort bleiben würden. So viel Geld für eine heruntergekommene Wohnung, von der wir nicht mal wussten, ob sie im Winter warm wurde, das ging einfach nicht.

Wir haben dann beide zum Glück bald etwas anderes gefunden – jede für sich.

Zwei junge Mütter aus München

Alles relativ

Frankfurt am Main, Sachsenhausen: ein Zimmer, Küche, Minibad für vierhundertsiebzig Euro kalt, teilmöbliert. Da ich mich sehr kurzfristig für den Job entschieden und daher kaum Zeit zum Suchen habe, stehe ich unter Zugzwang. Wenn die Bude einigermaßen okay ist, nehme ich sie und sehe mich später in Ruhe weiter um, habe ich mir überlegt.

Na ja, einigermaßen okay ist relativ. Das lindgrün gekachelte Bad verströmt Siebziger-Jahre-Charme, die Dübel, mit denen die Küchenschränke in der Wand montiert sind, werden mit Glück so lange halten, bis ich was Neues gefunden habe, und die Möbel sehen aus wie nach Omas Tod zweckentfremdet. Am gruseligsten ist aber der einst hellgraue Teppichboden, der nicht nur Wellen schlägt und von der Eingangstür zur Küche eine dunkle Laufspur aufweist, sondern auch zahlreiche Flecken hat, über deren Herkunft ich lieber nichts wissen will.

»Der wird aber schon noch ausgetauscht?«, wage ich zu fragen.

»Wieso?«

»Na ja, der ist ja total abgetreten. Und fleckig.«

Darauf der Vermieter empört: »Abgetreten und fleckig, sagen Sie? Der Teppich ist doch erst fünfzehn Jahre alt, der tut's noch!«

Das war nun wirklich die letzte Antwort, die ich von meinem künftigen Vermieter hören wollte. Deshalb ist er auch nicht mein Vermieter geworden.

Marc aus Frankfurt am Main

Vermietersprüche, die kein Mensch hören will

»Wie, Sie haben Schimmel in der Wohnung? Lüften Sie etwa nicht ordnungsgemäß?«

»Ich komme dann am Sonntag zwischen 09.00 und 18.00 Uhr für die alljährliche Wohnungsbegehung vorbei.«

»War der junge Herr, der mir gerade im Treppenhaus begegnet ist, bei Ihnen zu Gast? Wenn Sie öfter Übernachtungsbesuch haben, müssen wir noch mal über die Nebenkosten reden.«

»Ach, Sie sind doch noch jung und kräftig. Das Schneeräumen können Sie doch sicher selbst übernehmen, oder?«

»Bitte halten Sie sich an die ausgehängten Richtlinien für die Kehrwoche. Die Nachbarn sind da *sehr* genau.«

»Kann es sein, dass Sie Ihre Wäsche in der Wohnung trocknen?«

»Frau Schulze aus dem zweiten Stock hat mich informiert, dass Sie die Nachtruhe nicht einhalten.«

»Selbstverständlich können Sie den Garten jederzeit nutzen… Wenn Sie alle vierzehn Tage die Hecken schneiden und den Rasen mähen.«

»Okay, ich kümmere mich demnächst darum.«

»Bitte beachten Sie die Schilder zur Mülltrennung im Hof: Staubsaugerbeutel gehören nicht in die Biotonne. Oder waren die nicht von Ihnen?«

»Wenn Sie beim Duschen das Wasser nicht durchlaufen lassen würden, wäre das toll. Sie wissen schon… der Umwelt zuliebe.«

Ausländer in der Familie?

Als mein Mann nach längerer Arbeitslosigkeit in seinem neuen Job die Probezeit erfolgreich überstanden und einen unbefristeten Arbeitsvertrag in der Tasche hatte, beschlossen wir, endlich umzuziehen. Wir wohnten mit unseren beiden Kindern sehr beengt in zwei Zimmern auf vierundfünfzig Quadratmetern. Unsere zwölfjährige Tochter teilte sich einen Raum mit ihrem kleinen Bruder, mein Mann und ich schliefen im Wohnzimmer auf einer Schlafcouch – auf die Dauer trug diese Konstellation nicht zum Familienfrieden bei.

Im Internet stieß ich auf eine recht vielversprechende Anzeige für eine Vierzimmerwohnung in Innenstadtnähe, die bezahlbar klang und nicht über einen Makler vermittelt wurde. Für uns sehr wichtig, da wir die Provision in absehbarer Zeit nicht würden aufbringen können. Spontan wählte ich die angegebene Telefonnummer und hatte gleich den Vermieter dran.

Es war ein angenehmes Gespräch, er wirkte sehr sympathisch, und wir vereinbarten einen Termin für den nächsten Tag. Als ich ihm noch mal meinen Namen durchgab, stutzte er.

»Ach, Sie sind gar keine Deutsche?«, fragte er.

»Doch, genauso wie mein Mann«, erwiderte ich.

Wir haben uns beide für die deutsche Staatsbürgerschaft entschieden und fühlen uns in dem Land, in das unsere Eltern vor über vierzig Jahren ausgewandert sind, sehr wohl. Die Türkei ist für uns ein Urlaubsland, in das wir regelmäßig fahren, um Verwandte zu besuchen, doch zu Hause sind wir hier.

Der Vermieter war verwirrt. »Sie haben gar keinen Akzent.«

»Wieso auch? Ich bin in Duisburg geboren«, erwiderte ich leicht genervt.

Wie oft hatte ich mir diesen Spruch schon anhören dürfen?

»Aber Ihr Name«, er ließ nicht locker, »der ist doch ausländisch, oder?«

»Haben Sie etwas gegen Ausländer?«, fragte ich direkt.

»Nein, nein!«, beteuerte er. »Allerdings haben wir ausschließlich deutsche Mieter. Ich weiß nicht, ob Sie sich da gut in die Hausgemeinschaft einfügen.« Er zögerte und schien zu überlegen, wie er aus der Nummer wieder rauskam.

Im ersten Moment war ich zu wütend, um etwas sagen zu können, und hätte ihm am liebsten einen Vortrag über Diskriminierung gehalten. Aber dann sagte ich nur: »Danke, kein Interesse mehr«, und legte auf.

Gülcan aus Duisburg

Architektentraum

Wir suchten damals eine Wohnung oder ein Haus zur Miete im Großraum Frankfurt am Main. Da wurde uns über einen Makler ein Haus in Wiesbaden angeboten, das auf dem Papier ganz wunderbar klang. Großzügige Räume, einmaliger Blick ins Grüne und eine Riesenterrasse lockten uns, obwohl uns der Makler keine Fotos vorlegen konnte.

»Wir haben das Objekt gerade erst reinbekommen. Ein echter Architektentraum im Bauhausstil«, schwärmte er – und wir glaubten ihm.

Die Wohnung war tatsächlich im Bauhausstil, allerdings lag die Terrasse, von der die einzelnen Zimmer abgingen, in der Mitte des Komplexes, was denkbar unpraktisch war – denn einen Blick ins Grüne hatte man somit nicht. Den gab's dafür aus dem Badfenster. Die Küche war currygelb gestrichen, das Bad in Froschgrün, alles im Sechziger-Jahre-Schick. Die ganze Wohnung war mit Teppichen ausgelegt, deren ursprüngliche Farbe nicht mehr zu erkennen war. Ich wollte nicht wissen, wer oder was da alles drin lebte.

Als wäre das alles nicht genug, dröhnte es plötzlich über uns so laut, als würde das Haus jeden Moment einstürzen.

»Was ist das denn?«, fragte mein Mann den Makler.

»Ach so«, meinte der, »das hab ich ganz vergessen zu erwähnen. Wenn der Wind ungünstig steht, wird's ein bisschen lauter. Das ist hier die Einflugschneise vom Frankfurter Flughafen.«

»Wo war da jetzt der Architektentraum?«, fragte ich meinen Mann, als wir wieder im Auto saßen.

»Na ja, sieh es doch mal so«, sagte er mit einem schiefen Grinsen. »In so ein Haus kann man nur einziehen, wenn man viel Fantasie hat und eine Menge Handwerker kennt, die einem noch einen Gefallen schulden.«

Ines aus Wiesbaden

Wie die Lemminge

Bei der Suche nach einer gemeinsamen Wohnung gab es für uns beide vor allem ein Kriterium: Wir wollten unbedingt einen Garten. Seit einer Woche waren wir daher bei jeder sich bietenden Gelegenheit online und entdeckten am Montagmorgen bei einem Immobilienportal eine Anzeige, die absolut vielversprechend klang: Gartenwohnung, nur drei Gehminuten bis zur Isar, fünf Minuten bis zum Tierpark, U-Bahn-Nähe, und auch sonst passte alles.

Endlich sind wir mal unter den Ersten, freuten wir uns, als wir sahen, dass die Anzeige gerade mal fünf Minuten online war. Sofort schickten wir eine E-Mail an den Makler.

Keine halbe Stunde später war die Antwort da: Wir hatten zwei Tage später um 17.00 Uhr einen Termin. Das Anschreiben war persönlich und individuell formuliert, weshalb wir dachten, dass es nur einige wenige Interessenten außer uns gäbe. Als wir uns daraufhin noch mal die Fotos auf dem Portal ansehen wollten, war die Anzeige schon nicht mehr drin. Sie war also keine zwei Stunden online gewesen, was wir ebenfalls als gutes Zeichen deuteten und erst mal einen Sekt aufmachten. Da eine von uns verbeamtet ist und wir beide gut verdienen, gingen wir davon aus, dass wir die Wohnung so gut wie sicher haben.

Auf dem Weg zum Besichtigungstermin trafen wir zwei Häuser vor der angegebenen Adresse einen Mann im Anzug. Karina, offen wie immer, sprach ihn gleich an.

»Sind Sie zufällig Herr Schmidt von Schmidt-Immobilien?«, fragte sie und hoffte auf einen Vorteil, wenn wir ihn vor allen anderen in die Finger bekamen.

»Nein, ich gucke mir hier bloß eine Wohnung an, genau wie die fünfundzwanzig Leute da vorne.« Er deutete auf den Hauseingang.

Als wir seinem Blick folgten, mussten wir erst mal schlucken. Vor dem Haus mit der tollen Gartenwohnung stand tatsächlich eine Menschentraube.

Okay, dachten wir nach dem ersten Schock, haben wir also fünfundzwanzig Mitbewerber. Die packen wir.

Davon lassen wir uns die gute Laune nicht verderben! Die sank allerdings ganz schnell, als uns klar wurde, dass die fünfundzwanzig Leute auf der Straße bloß darauf warteten, dass die fünfundzwanzig Leute, die die Wohnung gerade besichtigten, wieder herauskamen. Um anschließend Platz für die nächsten fünfundzwanzig zu machen, die nach ihnen – und damit nach uns – dran waren.

In der Wohnung wartete eine Angestellte des Maklerbüros und verteilte mit aufgesetztem Lächeln Exposés an die Eintretenden. Neben ihr lag ein Stapel weiterer Papiere. Im Wohnzimmer saß eine alte völlig verstörte Dame, die niemand beachtete: die Vormieterin.

Gemeinsam mit den fünfundzwanzig anderen Menschen inspizierten wir die Räume – es war schlimmer als im Lenbachhaus während der Eröffnungswoche. Wir konnten eigentlich nichts angucken, weil überall jemand davorstand. Auf Nachfrage erklärte uns die freundliche Mitarbeiterin am Eingang, dass dies bereits der zweite von drei Besichtigungsterminen mit je vier Gruppen zu fünfundzwanzig Leuten sei.

»Aber die Anzeige war doch keine zwei Stunden online«, meinte Karina fassungslos.

»Zweieinhalb Stunden«, korrigierte die Frau. »Wir sind förmlich überrollt worden mit Anfragen und mussten die Annonce sofort rausnehmen. Das Telefon stand nicht mehr still.«

»Ob wir die wirklich alle packen?«, sagte Karina, als wir wieder vor der Tür standen.

Die Antwort lautete: nein. Wir hörten nämlich nie wieder was von der tollen Wohnung.

Karina und Sylvia aus München

Nicht jeder hat ein Küchenbad

Als wir 1988 von Niedersachsen nach Baden-Württemberg zogen, gab es auf dem Wohnungsmarkt ähnlich wie heute kaum bezahlbare Angebote. Außerdem waren mein Mann und ich damals noch nicht verheiratet, was die Sache nicht leichter machte – jedenfalls bei manchen Vermietern.

Nach etlichen Telefonaten und vergeblichen Anfragen bekamen wir endlich eine Einladung zu einer Besichtigung in Stuttgart-Zuffenhausen. Unsere Begeisterung legte sich schnell, denn die Lage war wirklich alles andere als toll.

Das Haus lag in einer Sackgasse mit einer Mauer am Ende, auf deren anderer Seite die vielbefahrene B 27 und die Bahngleise verliefen. Die Wohnung befand sich in einem Dreifamilienhaus im zweiten Stock. Noch wurden die drei Zimmer von einer Tierliebhaberin mit drei Katzen bewohnt, die von Sauberkeit nicht allzu viel zu halten schien – was wir allerdings erst nach unserem Einzug feststellen sollten. Auf den ersten Blick machte die Wohnung trotzdem einen einigermaßen guten Eindruck auf uns, auch wenn sie einen ganz besonderen Höhepunkt bereithielt: ein Küchenbad.

Darauf war ich ganz besonders gespannt, da ich mir darunter zu dem Zeitpunkt rein gar nichts vorstellen konnte. Der Clou daran war, dass die Spüle in der Küche die Breite der Badewanne besaß, die sich direkt darunter befand. Ein Abflussrohr verband die Spüle mit dem Abfluss der Badewanne, und wenn man Letztere benutzen wollte, musste man das Kunststoffrohr herausnehmen (und natürlich vorher abwaschen!).

Wir fanden das kurios und charmant und wollten die

Wohnung haben, die wir auch prompt bekamen, obwohl uns der Vermieter mit Anfang zwanzig recht jung fand. Ganze fünf Jahre waren wir dort sehr glücklich – unter anderem deshalb, weil wir uns weder vom Lärm der Autos oder Züge noch von dem nicht vorhandenen Badezimmer die gute Laune verderben ließen.

Bei der Grundreinigung nach unserem Einzug entdeckte ich in der Küche zu meiner großen Freude wunderschöne weinrote Fliesen an der Wand hinterm Spülstein, die dank einer ekeligen Fett- und Schmutzschicht einen eher graubraunen Farbton angenommen hatten, nach stundenlangem Schrubben aber wieder glänzten.

Ach ja, eines der drei Zimmer besaß übrigens keine Heizung, und wir mussten uns mit einer Elektro-Standheizung behelfen, die unsere Stromkosten maßgeblich beeinflusst hat. Es ist lange her, aber was macht man nicht alles, um eine Wohnung zu bekommen – damals wie heute. Auch wenn die Kompromisse heute sicher anderer Natur sind und vermutlich kein Student mehr mit einem Küchenbad vorliebnehmen muss. Aber wer weiß …

Am meisten habe ich mich nach unserem Umzug nach Marburg ein paar Jahre später übrigens über unser Badezimmer gefreut, da ich einfach in die Wanne steigen konnte, ohne vorher irgendwelche Rohre abzumontieren und abzuwaschen.

Marion aus Marburg

FREITAG, 28. JUNI – TAG 118

Status quo

Wunsch: 2 Zimmer, Balkon hab ich abgehakt. Provisionsfrei ist auch utopisch. Und wer will schon ein Fenster im Bad? Hauptsache, es gibt ein Bad. Renovierungsarbeiten werden übrigens gern übernommen, wenn der Vermieter die Materialkosten trägt.

Budget: 1200 € Kaltmiete
Angerufene Makler: 7   **Erhaltene Absagen:** 19
Neue Angebote per Mail: 3   **Besichtigungen:** 71
Grad der Verzweiflung:
6 von 10   **Euphorie:** +/- 0

Was hab ich da bloß gemacht? Verzweiflungstat nennt man das, glaub ich. Aber was hätte ich tun sollen? Ich suche jetzt schon seit einhundertachtzehn Tagen eine Wohnung. Ein-hun-dert-acht-zehn! Das muss man sich echt mal auf der Zunge zergehen lassen. Schmeckt übrigens eklig.
   Trotzdem könnte ich mich im Nachhinein mit einem Baseballschläger selbst in den Boden rammen, so wie der sadistische Kater Tom es früher immer mit dem

armen Jerry gemacht hat. Egal, jammern bringt nichts, deshalb muss ich da jetzt irgendwie durch.

»Wie konntest du nur?«, sagt auch meine beste Freundin Jana, die erst mal einen Lachkrampf bekommen hat, als ich ihr von meiner neuesten Wohnungssuchaktion erzählt habe. Nur die Möpse sagen nichts. Dabei sind sie doch an allem schuld. Oder etwa nicht?

Eigentlich habe ich gar nichts Schlimmes getan. Ich habe nur eine Anzeige im Münchner Wochenanzeiger aufgegeben. Meine Freunde haben mir vorher gesagt, dass ich mir die Kohle sparen könne, weil sich sowieso keiner darauf melden werde. Haben die eine Ahnung! Leider war ich zu geizig für eine Chiffreanzeige und habe stattdessen meine Handynummer angegeben. Ich Vollpfosten!

Mein Telefon klingelt heute ununterbrochen. Vermutlich wird die Anzeige als die erfolgreichste aller Zeiten in die Annalen der Münchner Käseblätter eingehen. Von den gefühlten dreihundertsiebzehn Anrufen waren dreihundertsechzehn von Männern. Was ich mir alles anhören musste! Geschnaufe, Gestöhne, Sexangebote, Sauereien en masse, Beschimpfungen. Wildfremde wollten wissen, ob ich die Pille nehme und es auch ohne Kondom mache. Fesselspielchen und dergleichen scheinen übrigens gerade schwer im Trend zu liegen. Es war echt alles dabei.

Nein, nicht ganz. Das Einzige, was mir nicht unterbreitet wurde: ein ernst gemeintes Wohnungsangebot. Na ja, man kann eben nicht alles haben.

Hätte ich ahnen müssen, dass die Rasse meiner Hunde derart unbekannt ist? Dass die Menschheit, vor allem der männliche Teil, so versaut ist, dass sie den Text zwangläufig missverstehen muss? Oder will? Ich bin ratlos.

Ach so, der Anzeigentext lautete übrigens: »Suche Wohnung für mich und meine Möpse«.

Voll im Trend

Endlich mal ein Angebot von privat und nicht vom Makler, dachten wir begeistert, als wir die Anzeige im Internet entdeckten. Der Vermieter war sehr nett und bemüht am Telefon und erklärte uns ausführlich den Weg.

Als wir ankamen, öffnete uns ein absolut unscheinbarer älterer Herr die Tür, der uns erklärte, dass das Haus für ihn und seine Frau zu groß sei und sie es deshalb vermieten wollten.

»Alles, was Sie hier sehen, können Sie übernehmen. Wir sind um jedes Möbelstück froh, das wir nicht schleppen müssen«, sagte er.

Grundsätzlich waren wir nicht abgeneigt, doch als wir die Einrichtung sahen, änderten wir unsere Meinung schnell. In dem Haus sah es aus wie in einem ehemaligen Bordell. In jedem der drei Schlafräume hingen Spiegel an der Decke über dem Bett und an der Wand dahinter. Alles war plüschig möbliert, in einem Raum stand ein riesiger Whirlpool, und überall gab es Vorrichtungen an der Decke, um Schaukeln aufzuhängen oder Lederschlaufen, die an einem Seil baumelten.

»Fass hier bloß nichts an!«, zischte mir mein Mann zu.

»Ich bin doch nicht verrückt«, raunte ich zurück, mit Blick auf die wirklich schmuddelige Einrichtung.

Unbekümmert und ohne ein Wort über die Gerätschaften zu verlieren, führte uns der ältere Herr durch die Räume und schließlich in die Garage, die wir vor lauter Gerümpel jedoch nicht betreten konnten.

»Wie gesagt«, wiederholte er, »falls Sie etwas davon brauchen können, jederzeit.«

»Nein, danke«, meinten wir mit unserem unschuldigsten Lächeln und machten uns schleunigst auf den Nachhauseweg.

Ein Paar aus Meißen

Zu früh gefreut

Nachdem ich mir in München gut dreißig bis vierzig Wohnungen angesehen hatte, war meine Stimmung auf dem Tiefpunkt. Ich hatte mich gerade von meinem Ex getrennt und musste aus seiner Wohnung raus. Eine neue Bleibe über den Makler zu finden, kam nicht infrage, die Kohle brauchte ich für neue Möbel, da mein Ex so gut wie alles behielt.

Da entdeckte ich im Internet ein super Schnäppchen und scrollte die Anzeige dreimal hoch und runter, weil ich meinen Augen nicht trauen wollte. Die Zweieinhalbzimmerwohnung in der Nähe vom Odeonsplatz, die wirklich mit allem Schnickschnack ausgestattet war, sollte nur vierhundertfünfzig Euro warm kosten und war ab sofort frei. Zwar war die Mietdauer auf ein halbes Jahr begrenzt, da die Tochter des Eigentümers für ein Semester im Ausland studierte, aber das war mir nur recht. Ich wusste sowieso nicht, ob ich in München bleiben würde, und wollte aus der Wohnung meines Ex so schnell wie möglich raus.

Das Apartment gehörte einem Banker in Großbritannien, also kramte ich mein bestes Englisch heraus und schrieb eine lange Mail, die vor Selbstbewusstsein nur so strotzte. Die Antwort ließ nicht lange auf sich warten und klang sehr positiv. Ich könne die Wohnung haben, seine Tochter sei allerdings bereits im Ausland und er beruflich sehr eingespannt, weshalb die Formalitäten etwas anders ablaufen müssten als sonst. Ob ich damit einverstanden sei.

»Na klar, kein Problem, ich bin für alles offen«, mailte ich zusammen mit ein paar letzten Fragen zurück, völlig euphorisch darüber, dass endlich mal etwas glattlief in meinem komplizierten Leben.

Die ganze Nacht träumte ich von meiner tollen neuen Wohnung und dem tollen neuen Leben, das ich demnächst beginnen und in dem alles anders werden würde.

Am nächsten Morgen wurde ich zum ersten Mal stutzig. Erst freute ich mich noch über die neue Nachricht in meinem Postfach, doch schon bei der Anrede überkam mich ein ungutes Gefühl. »Sehr geehrte Interessentin«, begann die Mail, und es folgte ein völlig unpersönlicher Standardbrief, in dem in keinem Punkt auf meine Fragen eingegangen wurde. Dafür eine Kontonummer mit der Bitte, vorab schon mal die erste Miete und die Kaution zu überweisen. Der Schlüssel könne dann mit einem Code in einem Bankschließfach abgeholt werden.

Misstrauisch geworden, recherchierte ich im Internet und stieß auf mehrere Warnungen vor Betrügern, die mit genau dieser Methode die Leute abzockten. Ich ging sofort zur Polizei und erstattete Anzeige, aber leider war nicht zu ermitteln, wer hinter dem gefakten Angebot steckte. Ich möchte nicht wissen, wie viele Leute schon darauf reingefallen sind, und bin heilfroh, dass ich noch mal mit dem Schrecken davongekommen bin.

Ivi aus München

Wir müssen leider draußen bleiben

Da ich in meinem Leben bereits einige Male umgezogen und somit recht erprobt bin, sollte ein erneuter Wohnungswechsel für mich und meine achtjährige Mischlingshündin Toxi kein Hindernis sein. Eine vierzig bis fünfundvierzig Quadratmeter große, bezahlbare Wohnung mit kleinem Balkon in ruhiger Lage und Geschäftsnähe wäre eine ideale Bleibe für mich als Rentnerin, wobei die Betonung auf »bezahlbar« liegt.

Nachdem der Entschluss einmal gefasst ist, zögere ich nicht lange und melde mich bei meiner alten Wohnungsbaugesellschaft in Berlin. Bestimmt werden die sich an mich erinnern, denke ich, während ich leicht nervös die Nummer wähle. Meine Erwartungen werden nicht enttäuscht, und ich bin hoch erfreut, als mir die nette Dame am Telefon gleich eine Wohnung im Stadtteil Neukölln anbietet.

Nur wenige Tage später lasse ich mir die Schlüssel für besagte Wohnung vom Bezirksobmann aushändigen und mache mich voller Vorfreude auf den Weg zu der angegebenen Adresse.

»Ja, die könnte es sein«, sage ich leise zu mir selbst, als ich in die Straße einbiege. Die Wohnung liegt zwar in der dritten Etage, aber Treppensteigen ist für mich und meinen Hund kein Hindernis.

Nachdem ich mit drei Schlüsseln drei verschiedene Schlösser an Haus- und Wohnungstür geöffnet habe, betrete ich den dunklen Flur. Den Lichtschalter drücke ich vergeblich. Der Strom ist abgeschaltet, der Vormieter offenbar bereits ausgezogen. Der erste Eindruck von meinem neuen Zuhause lässt meine Lust auf einen Umzug schlagartig sinken. Im Wohnzimmer stehen noch Möbel. Wer soll die denn übernehmen?, denke ich erstaunt. Hoffentlich nicht ich!

Decken und Wände bräuchten dringend einen neuen Anstrich. Und der Fußboden? Na ja, alles andere als schön, aber ich kann ja einen Teppich darüberlegen. Das Bad scheint ausschließlich für sehr dünne Menschen konzipiert zu sein. Zwar habe ich mit meinem Umfang keine Probleme, doch sollte außer Waschbecken, Toilette und Badewanne wenigstens noch ein schmaler Schrank für Handtücher und Kosmetikartikel Platz haben.

Die Spüle in der Küche scheint von historischem Wert, aus den dreißiger oder vierziger Jahren. Spülmaschinenanschluss? Fehlanzeige. Wenigstens der Elektroherd scheint neueren Datums zu sein. Immerhin lässt die Essecke in der Küche ein wenig Gemütlichkeit erahnen. Die würde ich glatt behalten.

Als ich wieder zu Hause ankomme, melde ich mich noch einmal im Büro der Wohnungsbaugesellschaft. »Die Aufteilung der Wohnung ist ja okay«, beginne ich freundlich, »aber in dem Zustand möchte ich sie nicht übernehmen.«

»Für Renovierungen ist der Vormieter zuständig«, erklärt mir der Sachbearbeiter mit kühlem Unterton.

»Nun gut. Wie heißt er, und wie erreiche ich ihn?«, frage ich nach, noch immer gewillt, die Wohnung trotz der Mängel anzumieten.

Den Namen nennt er mir nicht. Dafür teilt er mir mit, dass der Vorstand über die weitere Vermietung der Wohnung noch gar nicht entschieden habe.

Wie? Und warum schaue ich mir dann die Bude überhaupt an? Kopfschüttelnd beende ich das Gespräch.

Ein paar Tage später dann ein Anruf: Die Wohnung sei anderweitig vermietet worden. Mir fehlen vor Wut die Worte. Das ist ja wohl die Höhe! Gottlob gibt es in Berlin nicht nur eine Wohnungsbaugesellschaft.

Umgehend versuche ich es bei verschiedenen in anderen Bezirken. Nur nicht aufgeben!, sage ich mir und habe bald den nächsten Termin. Diesmal bei einer Gesellschaft in Ahrensfelde, ganz im Nordosten von Berlin. Hochhäuser prägen das Straßenbild. Warum nicht in einem Hochhaus wohnen?, überlege ich spontan, die sind immerhin mit einem Fahrstuhl ausgestattet.

»Unsere Wohnungen sind alle ohne Balkon«, teilt mir die Sachbearbeiterin mit, kaum dass ich in ihrem Büro Platz genommen habe.

»Oh, wie schade«, rutscht es mir spontan heraus. Aber ich bin ja flexibel, immerhin sind Erholungsgebiet und Einkaufsmöglichkeiten in der Nähe.

Als Nächstes legt mir die Sachbearbeiterin Skizzen verschiedener Wohnungen vor. Der Mietzins von vierhundert Euro inklusive Umlagen liegt im Rahmen meiner Vorstellungen – ein vielversprechender Ausblick. Erst beim Thema Mietvertrag werde ich stutzig. Der muss nämlich zusätzlich von einem Partner unterschrieben werden.

»So ist im Falle eines Falles der Mietzins gesichert«, erklärt mir die Frau, als ich gezielt nachfrage.

Das ist mir nun wirklich zu hoch. »Ich habe doch ein festes Einkommen«, beteuere ich völlig verdattert.

Ob ich hier einziehe, überlege ich mir noch mal ganz genau. Einen Partner als Geldgeber oder Bürgen? Das möchte ich nicht. Ich bin doch kein Weibchen, das sich einen Versorger sucht, der es durchfüttert.

Als Nächstes versuche ich es bei einem privaten Vermieter. Der teilt mir jedoch schon nach wenigen Sätzen rigoros mit, er würde niemals an eine Frau vermieten. »Für mich kommt nur ein Mann als Mieter infrage«, blafft er ins Telefon, und das Gespräch ist beendet.

Dass bei der Wohnungsvergabe nun schon nach Geschlechtern getrennt wird, ist mir ganz neu, denke ich und lege verblüfft auf.

Doch das ist nicht das einzige Hindernis, denn da ist auch noch meine Toxi.

»Bellt Ihr Hund?«, werde ich bei einer Wohnungsbesichtigung gefragt.

»Nun ja, er meldet, wenn jemand die Treppe heraufkommt«, erkläre ich.

Die Vermieterin verzieht das Gesicht, und ich weiß Bescheid. Bellen verboten, also Schnauze halten. Wie soll ich das nur meinem Hund beibringen?

Bei einer weiteren Wohnungsbaugesellschaft werde ich nach der Rasse meines Hundes gefragt. Ohne Hintergedanken sage ich: »Es ist eine Border-Collie-Australian-Shepherd-Mischlingshündin.«

»Der Border Collie ist ja okay«, bekomme ich zur Antwort, »der Australian Shepherd dagegen könnte schon mehr in Richtung Kampfhund gehen.«

Wie bitte? Habe ich da gerade richtig gehört? Ein Kampfhund? Das ist ganz sicher nicht das Wesen meines Hundes. Meine Toxi ist friedlich wie ein Lamm!

Doch damit bleibt mir auch diese Wohnung verwehrt. Als ich mich kurz darauf bei einer weiteren Wohnungsbaugesellschaft vorstelle, nehme ich Toxi vorsorglich gleich mit.

»Nein, diese Größe erlauben wir nicht. Dreißig Zentimeter Schulterhöhe und keinen Millimeter mehr«, sagt die zuständige Sachbearbeiterin beim Anblick meines Hundes.

Damit ist Toxi genau zehn Zentimeter zu hoch. Die ließen sich selbst dann nicht leugnen, wenn sie auf dem Bauch kriechen könnte.

Es scheint wie verhext, denn es gibt noch ein paar andere Knackpunkte, mit denen ich nie gerechnet hätte. Bei den Wohnungsbaugesellschaften muss man Mitglied sein, wenn man Anspruch auf eine Wohnung haben will – okay. Das war mir vorher klar, und ich bin durchaus bereit, eine solche Mitgliedschaft zu beantragen. Wo also ist der Haken?

»Mitglied können Sie erst werden, wenn wir eine Wohnung für Sie haben«, erklärt man mir, als ich mir das auf den ersten Blick undurchsichtige System erläutern lasse. So weit, so gut, nur leider wurden die mir bisher angebotenen Wohnungen, um die ich mich jedes Mal beworben habe, immer an andere vermietet. An Mitglieder.

Ursula aus Berlin

So klein ist die Großstadtwelt

Ein Häuschen mit Garten sollte es sein, auch wenn wir uns unseren Traum in einer Stadt wie Köln, in der die Mieten nur eine Richtung – nämlich nach oben – kennen, nur mit Müh und Not leisten konnten. Selbst in Vierteln wie Kalk oder Lind, wo noch vor wenigen Jahren keine Familie freiwillig hingezogen wäre, standen die Leute inzwischen Schlange und waren bereit, nahezu jeden Preis zu bezahlen.

An einem Samstag im Juli, wir hatten den halben Tag

mal wieder mit Hausbesichtigungen verbracht, waren wir abends auf einer Geburtstagsparty eingeladen. Wir waren beide total groggy und schlecht gelaunt, weil uns wieder mal jemand ein nettes Häuschen vor der Nase weggeschnappt hatte, noch dazu mit fiesen Methoden. Ich hatte genau gesehen, wie ein Interessent dem Makler in der Küche mehrere Geldscheine in die Hand gedrückt hatte, als er meinte, unbeobachtet zu sein. Ich stand gerade draußen auf der Terrasse und spähte zufällig durch das Küchenfenster. Die beiden bemerkten mich nicht, und durch das gekippte Fenster konnte ich deutlich hören, wie der Makler sagte: »Ich denke, damit ist die Entscheidung zu Ihren Gunsten gefallen.«

Selbst Stunden danach war ich immer noch stinksauer und hätte mich am liebsten mit meiner Wut und einer Tasse Tee auf dem Sofa verkrochen. Doch der ständig ausgebuchte Babysitter war seit Wochen bestellt, und Hunger hatte ich auch, also ging ich schnell ins Bad und stellte zumindest mein Äußeres wieder her.

Auf der Party war's dann wider Erwarten sehr lustig, und meine Laune besserte sich schlagartig. Irgendwann, ich unterhielt mich gerade mit einer alten Freundin, die ich seit Monaten nicht gesehen hatte, kam mein Mann auf mich zugestürmt.

»Sorry, wenn ich euch unterbreche, aber ich glaube, ich habe gerade einen Sechser im Lotto!«, verkündete er freudestrahlend.

»Was ist passiert?« Ein so breites Grinsen hatte ich das letzte Mal nach der Geburt unserer jüngsten Tochter auf seinem Gesicht gesehen.

»Du glaubst es nicht! Ich habe gerade in der Küche meine Makler-Hass-Story von heute Mittag zum Bes-

123

ten gegeben, da wollte eine Freundin von mir wissen, wo wir uns das Haus angesehen haben.« Er keuchte vor Aufregung.

»Aha.« Bis hierher war die Geschichte eher minder spannend.

Doch dann kam der Knaller.

»Als ich ihr die Adresse nenne, sagt sie doch glatt: ›Wie lustig, das ist das Haus von meiner Tante. Wenn du willst, ruf ich die morgen mal an. Solange der Kaufvertrag noch nicht unterschrieben ist, ist da noch nichts in trockenen Tüchern.‹« Mein Mann genoss seinen Auftritt so richtig. »Na, was sagst du jetzt?«

»Das ist ja der Wahnsinn!«, rief ich und fiel ihm um den Hals.

Es klappte tatsächlich. Zwar kamen wir nicht darum herum, den bestechlichen Makler zu bezahlen, weil wir zu Beginn der Besichtigung einen Wisch unterschrieben hatten, dass wir unsere Provisionspflicht anerkennen, aber am Ende bekamen wir tatsächlich den Zuschlag für das tolle Haus.

Eine vierköpfige Familie aus Köln

Anders herum geht's auch

Die Geschichte klingt zunächst nicht neu und alles andere als kompliziert: Zwei Menschen lernen sich kennen, verlieben sich ineinander, stellen fest, dass sie den Rest ihres Lebens miteinander verbringen wollen, und beschließen zusammenzuziehen. Da ihre Wohnung zwar sehr günstig und zudem mitten in der Stadt, aber mit eineinhalb Zimmern zu klein für beide ist, und seine zu weit draußen, suchen sie schließlich was Neues.

Ab hier wird's schwierig, denn die beiden wohnen in München, derzeit die teuerste Stadt Deutschlands. Zusammengerechnet zahlen sie bisher eintausendzweihundert Euro Miete – warm. Für zwei-, dreihundert Euro mehr müsste doch eine hübsche Zwei- bis Dreizimmerwohnung zu finden sein, denken die beiden Optimisten und machen sich auf die Suche. Vier Monate und knapp fünfzig Besichtigungen später sind sie nicht nur einige Illusionen ärmer, sondern auch am Ende ihrer Kräfte.

Jetzt haben sie erst mal beschlossen zu heiraten. Zusammenziehen können sie immer noch, wenn die Mietpreise wieder sinken. Vermutlich zur silbernen Hochzeit ...

Ein Paar aus München

Kaltmiete + Nebenkosten + Ausländerzuschlag

Üblicherweise setzt sich die Miete für eine Wohnung aus der sogenannten Nettokaltmiete und den Nebenkosten für Müll, Warmwasser, Heizung, Versicherungen, Hausmeisterservice und dergleichen zusammen. Strom- und Telefongebühren überweist der Mieter in der Regel direkt an den jeweiligen Anbieter. Dass es da noch einen weiteren Posten gibt, der die Miete für nicht deutsche Mitbürger in die Höhe treibt, wussten wir nicht.

Wir hörten zum ersten Mal bei einem Besichtigungstermin für eine Vierzimmerwohnung im Nordend davon. Wir mussten aus unserer bisherigen Wohnung raus, da der neue Eigentümer das Haus grundsanieren wollte. Wir hätten zwar bleiben können und durften während der Baumaßnahmen sogar die Miete kürzen, aber nach der Renovierung konnten wir uns das Ganze einfach nicht mehr leisten.

Mir gefiel die großzügige Wohnung mit Zentralheizung sofort, und meine Frau war total begeistert, weil der Vermieter bei der Besichtigung so kinderlieb war. Wir haben zwei Jungen und ein Mädchen und dachten schon, die Kleine hätte ihn um den Finger gewickelt. Wenn sie lacht, mit ihren pechschwarzen großen Augen und dem einen Schneidezahn im Mund, sind alle hin und weg. So auch der Vermieter, ein Arzt, der wirklich sehr freundlich zu uns war und immer wieder sagte, dass wir die Wohnung haben könnten, wenn wir sie wollten.

»Ich weiß doch, dass Sie als türkische Familie nicht leicht etwas finden, da unterstütze ich Sie gerne«, sagte er, und wir freuten uns über so viel ehrenvolles Verhalten.

Damit war es aber nicht weit her, denn als wir den Vertrag unterschreiben wollten, standen darin neunzig Euro mehr Kaltmiete als ausgemacht. Auch die Kaution war auf einmal deutlich höher als vorher.

Meine Frau und ich dachten erst, wir hätten etwas falsch verstanden, und überlegten, die höheren Kosten in Kauf zu nehmen, um die Wohnung nicht doch kurz vor knapp zu verlieren. Aber die Gesamtsumme war zu hoch, und so fragten wir bei dem netten Besitzer der Wohnung nach.

»Ach so«, meinte der Vermieter am Telefon. »Ich dachte, das hätte ich Ihnen gesagt. Das ist ein Zuschlag für die Abnutzung der Wohnung... und das höhere Risiko.«

»Wie meinen Sie das?«, fragte ich verwundert.

»Nichts gegen Sie, aber es soll ja schon vorgekommen sein, dass sich Ausländer über Nacht in ihre Heimat absetzen und der Vermieter auf den Renovierungskosten für die heruntergewirtschaftete Wohnung sitzen bleibt.«

Das hat mich schwer getroffen, vor allem in meiner Ehre, und so haben wir auf die schöne Wohnung verzichtet.

Eine türkische Familie aus Offenbach am Main

Manche nehmen's ganz genau

Als mein Mann und ich zum zweiten Mal Nachwuchs erwarteten, wollten wir unsere Altbauwohnung gegen ein Häuschen mit Garten eintauschen und entdeckten im Internet eine Anzeige für eine Doppelhaushälfte im Augsburger Süden. Die Besichtigung fand wie üblich im Rahmen eines Sammeltermins mit Makler statt. Außer uns waren noch drei weitere Paare anwesend, zwei davon wie wir Mitte dreißig, eines im Rentenalter.

Nachdem wir im Erdgeschoss die geräumige Küche mit Essecke und das Wohnzimmer besichtigt hatten, ging's in die erste Etage, wo sich zwei Schlafzimmer und das Bad befanden. Gemeinsam mit einem der jüngeren Paare quetschen wir uns zwischen Badewanne und Toilette, da setzte sich die Frau, die sicher über eins achtzig groß war, auf die Toilette.

Erst dachte ich, ihr sei schlecht. Aber dann sagte sie: »Ich muss ausprobieren, ob ich mit den Knien an der gegenüberliegenden Wand anstoße. Das geht nämlich gar nicht.«

Der Makler nickte freundlich. »Ja, bei Ihrer Größe ...«

Ehe wir's uns versahen, hatte die Frau ihre Schuhe

abgestreift und lag mit angezogenen Beinen in der Badewanne. »Das wird aber knapp. Oder was meinst du, Schatzi?«

Es kam, wie es kommen musste, der fast zwei Meter große Schatzi tat es seiner Frau gleich und stieg zu ihr in die Wanne. Da er nicht zu den schlankesten Vertretern seiner Art gehörte, wurde es in der Tat sehr knapp. »Ui!«, sagte er nur, als er unsanft hineinplumpste – und prompt feststeckte.

»Ich muss hier raus«, flüsterte ich meinem Mann zu und stürmte in den quadratischen Flur, wo die anderen Interessenten nichtsahnend auf ihren Einsatz warteten. Fast hätte ich mir die Lippe blutig gebissen, nur um nicht laut loszuprusten.

Ob die beiden das Haus am Ende genommen haben, weiß ich nicht. Wir haben den Zuschlag nicht bekommen, allerdings war ich ganz froh darüber. Ich hätte jedes Mal, wenn ich die Badewanne benutzt hätte, die beiden strampelnden Riesen-Schatzis vor Augen gehabt – und wie soll man dabei entspannen?

Ehepaar aus Augsburg

Zutritt verboten

Genau eine Minute vor der vereinbarten Zeit stand ich mit hochrotem Kopf und schweißgebadet vor dem Mehrfamilienhaus, in dem ich eine Zweizimmerwohnung besichtigen wollte. Es war ein heißer Sommertag, und ich hatte die Fahrtzeit von meinem Büro bis nach Buxach mit dem Fahrrad unterschätzt.

Die Maklerin wartete bereits vorm Haus und hatte zu meinem Erstaunen eine ähnliche Gesichtsfarbe wie ich – wenn auch aus anderem Grund.

»Leider gibt es ein kleines Problem«, rückte sie mit der Sprache heraus, nachdem ich mich ihr kurz vorgestellt hatte. »Die Schneiders scheinen nicht zu Hause zu sein, obwohl ich unseren Besuch telefonisch angekündigt habe.«

Wie zum Beweis drückte sie langanhaltend auf den Klingelknopf und ließ ihn auch für eine ganze Weile nicht mehr los.

»Ja«, drang es zu unser beider Überraschung schließlich schläfrig aus der knarzenden Sprechanlage.

»Guten Tag, Herr Schneider, hier Buchauer. Ich stehe mit einer Mietinteressentin vor der Tür, würden Sie uns bitte hereinlassen?«

»Das geht nicht«, lautete die knappe Antwort.

»Wieso das denn? Wir hatten doch einen Termin für heute.« Die Stimme der Maklerin klang leicht gereizt, und auch ich wurde langsam nervös.

Der Vormieter hatte die Ruhe weg. »Von heute weiß ich nix. Wir haben Donnerstag notiert, das ist übermorgen.«

Nach einem knapp zehnminütigen Disput, während dem ich von einem Fuß auf den anderen trat, ertönte endlich der Summer, und wir betraten das hellgrün geflieste Treppenhaus. Der Bau war nicht der modernste, aber die Wohnung war laut Grundriss super geschnitten und zudem echt günstig. Mein Budget war denkbar knapp, und wenn der Zustand einigermaßen akzeptabel war, würde ich die Wohnung trotz Maklercourtage mieten.

Ein übergewichtiger älterer Herr in Cordhose und V-Ausschnitt-Pulli stand mit mürrischer Miene in der Tür, als wir im zweiten Stock ankamen. Es roch nach

Kohlsuppe, im Hintergrund war ein Staubsauger zu hören.

»Moment noch«, sagte er statt einer Begrüßung, »meine Frau ist gleich so weit.«

Der Staubsauger verstummte, wir durften eintreten. Die Wohnung war mit Möbeln und Nippes vollgestellt, weshalb sie deutlich kleiner wirkte als auf dem Grundriss. Die dunklen Teppiche und braunen Türen machten sie sehr düster. In der Küche stand überall benutztes Geschirr herum, und Frau Schneider zog schnell die Tür zu, als ich einen Blick hineinwerfen wollte.

Die Besichtigung dauerte nicht lange, denn zum Schlafzimmer verwehrte man uns ebenfalls den Zutritt. Die Maklerin war sichtlich verstimmt und redete unaufhörlich auf das Ehepaar ein, doch die Schneiders blieben stur.

»Die Wohnung wird vor Übergabe selbstverständlich komplett renoviert und mit Laminatböden ausgestattet«, versuchte die Maklerin zu retten, was nicht mehr zu retten war.

Der unangenehme Geruch und die drückende Stimmung gaben den Ausschlag. Ich konnte mir die Wohnung trotz meiner blühenden Fantasie beim besten Willen nicht hell und gemütlich vorstellen und sagte dankend ab.

Junge Frau aus Memmingen

Zu schön, um wahr zu sein

Warum sollen immer nur die anderen Glück haben?, denke ich, als ich die Anzeige auf dem Immobilienportal entdecke. Die Fotos sehen schön aus, die Räume sind hell und renoviert, das Zweifamilienhaus, in dem die Siebzig-Quadratmeter-Wohnung liegt, wirkt sehr gepflegt, und den Garten darf man auch noch mitbenutzen. Als passionierte Hobbygärtnerin sehe ich mich schon die Blumenrabatte umgestalten und die Obstbäume beschneiden.

Spontan rufe ich die angegebene Nummer an und habe den Vermieter sofort an der Strippe. Offenbar bin ich die erste Anruferin und verabrede mich mit dem sympathisch klingenden Herrn gleich für den nächsten Tag.

Den prüfenden Blick, mit dem mich der etwa fünfzigjährige Vermieter bedenkt, als er mir die Tür aufmacht, tue ich zunächst als Einbildung ab. Er bittet mich in sein Wohnzimmer, um mich »ein bisschen näher kennenzulernen«, wie er mit einem Zwinkern meint. Auch als ich ihn zweimal dabei ertappe, wie er mir in den Ausschnitt schielt, als er mir Tee einschenkt, denke ich mir nichts weiter dabei. Schließlich habe ich nicht ohne Hintergedanken ein weiter ausgeschnittenes Shirt angezogen, um meine Chancen zu erhöhen.

Nach einem Verdienstnachweis und Angaben zum Arbeitgeber fragt er nicht, dafür interessiert ihn allerlei Privates: »Leben Sie allein? Gehen Sie gerne aus? Sind Sie auch manchmal einsam?«

Da ich auf seine Fragen irgendwann keine Auskunft mehr geben will, schlage ich vor: »Wollen wir nicht mal nach oben in die Wohnung gehen? Ich würde sie gerne besichtigen.«

Er zögert sichtlich, scheint zu überlegen und schenkt mir erst mal Tee nach. Da ich nicht unhöflich sein will, bleibe ich sitzen und stelle ihm ebenfalls ein paar Fragen nach Heizung, Nebenkostenabrechnung und dergleichen.

Bald landen wir wieder bei seinem Lieblingsthema: der Einsamkeit. Ob mich das Alleinsein nicht auch störe? Wie mein Partner denn aussehen müsse? Worauf es mir mehr ankomme, gutes Aussehen oder innere Werte?

Irgendwann wird es mir zu bunt. Ich stehe auf und sage: »So, entweder wir besichtigen jetzt die Wohnung, oder ich gehe.«

Da rückt er mit der Wahrheit heraus, und ich muss mich sofort wieder setzen, um nicht aus den Latschen zu kippen. Die Wohnung obendrüber gehört ihm gar nicht und ist derzeit auch nicht zu vermieten.

»Wissen Sie, seit dem Tod meiner Frau habe ich bei der Partnersuche kein Glück«, gesteht er mir. »In diesen ganzen Internetportalen meint es ja keiner ernst. Da dacht ich mir, ich versuch's mal auf diesem Weg. Und prompt hat mir der Herrgott Sie beschert – ein wirklich hübsches Frauenzimmer.«

Ich springe wieder auf und ergreife die Flucht. Ich suche eine Wohnung und kein einsames Herz auf Frauenfang!

Melanie aus Nürnberg

So benimmt man sich in Deutschland

Mein Mann und ich haben bei der Schlüsselübergabe für unsere neue Wohnung vom Vermieter neben dem Übergabeprotokoll und der üblichen Hausordnung auch noch ein ganz besonderes Dokument überreicht bekommen.

»Wichtige Hinweise für ausländische Mieter«, lautete die Überschrift. Abgesehen von einer langen und breiten Erläuterung zu Sinn, Zweck sowie korrekter Durchführung der schwäbischen Kehrwoche, über die wir uns noch amüsieren konnten, beinhaltete das Schreiben eine Liste mit gut zwanzig Benimmregeln, von denen eine unverschämter war als die nächste.

Angefangen mit dem »guten Tipp«, dass wir »im Sinne eines freundlichen Miteinanders« die Nachbarn stets mit »Grüß Gott« grüßen sollten, über die »höfliche Bitte«, bei offenem Fenster nicht zu beten oder laut orientalische Musik zu hören, bis hin zu dem »freundlichen Hinweis«, dass Kochen und offene Feuer im Treppenhaus nicht erlaubt seien.

Wir waren schockiert. Nicht nur, weil wir als Süditaliener lieber Claudio Baglioni und Bino statt Oriental Pop hörten, sondern weil wir diese anmaßenden »Regeln« einfach nicht akzeptieren konnten.

Mein Mann gab dem verdatterten Vermieter die Liste zurück und sagte mit hochgezogener Augenbraue: »Benehmen und Rücksichtnahme haben nichts mit der Nationalität zu tun, sondern mit dem Charakter. Wir haben da keinen Nachholbedarf…«

Annamaria aus Ellwangen

Eine letzte Zigarette

Ich war mir mit dem Vermieter einig, dass ich das Apartment zum Monatsersten mieten würde, und wir gaben uns die Hand darauf. Den Vertrag wollte er mir zuschicken, die Schlüsselübergabe sollte gleich eine Woche später stattfinden, damit ich schon früher in die Wohnung konnte, um zu streichen. So hatten wir es vereinbart, infolgedessen würde ich bei Auszug alles unrenoviert übergeben.

Als wir zusammen auf die Straße traten, zündete ich mir gleich eine Zigarette an. Die hatte ich mir zur Belohnung wirklich und wahrhaftig redlich verdient, wie ich fand.

Ich streckte ihm die Hand hin, um mich freundlich zu verabschieden, doch statt sie zu ergreifen, sagte er zu mir: »Also, wenn ich das vorher gewusst hätte! Einen Raucher möchte ich nicht in der Wohnung haben. Das kommt nicht infrage. Tut mir leid, wir kommen wohl doch nicht zusammen.«

Ich stand völlig unter Schock, da er sich auf nichts einlassen wollte, nicht mal auf mein Angebot, nur bei offenem Fenster in der Küche zu rauchen.

Da saß ich nun, ohne Wohnung und stinkwütend auf mich selbst, dass ich nicht wenigstens so lange gewartet hatte, bis er um die Ecke gebogen war.

Peter aus Saarbrücken

Wer einmal lügt... der ist (manchmal) im Recht

Wer eine Wohnung sucht, fühlt sich oft genug, als müsse er vor wildfremden Menschen die Hosen runterlassen, vor allem in Ballungsgebieten, wenn die Zahl der Mitbewerber im Extremfall fast so hoch ist wie die geforderte Kaltmiete. Spätestens bei der Selbstauskunft kann es unangenehm werden, etwa wenn der Makler oder Vermieter allzu Persönliches wissen will. Unter manchen Fragebögen steht außerdem der Satz: »Der Mietinteressent ist darüber belehrt worden, dass unwahre Angaben die fristlose Kündigung bzw. Nichtigkeit des Mietverhältnisses zur Folge haben können.«

Grundsätzlich gilt: Immer dann, wenn die gewünschte Angabe für das Mietverhältnis von Bedeutung ist, hat der Vermieter ein Recht auf Auskunft. Dennoch muss man nicht bei jeder Frage bis ins letzte Detail wahrheitsgemäß antworten – ausweichen oder gar schwindeln ist im Einzelfall durchaus erlaubt. Ob es sich auch lohnt, steht auf einem anderen Blatt. Denn ein Mietinteressent, der die Aussage verweigert oder offensichtlich um den heißen Brei herumredet, wird ganz sicher nicht in die engere Auswahl kommen. Da kann er noch so sehr im Recht sein, im Zweifelsfall hilft es ihm leider kein bisschen.

Worauf es ankommt und wann Sie doch besser die Karten auf den Tisch legen, um keinen Ärger zu riskieren:

Rauchen Sie?
Lügen: erlaubt!
Klar, dass ein Vermieter kein Interesse an vergilbten Wänden und daher eine Vorliebe für Nichtraucher hat – dennoch ist die Frage ebenso unzulässig wie die Auflage, in der Wohnung nicht zu rauchen. Und zwar auch dann, wenn es im Mietvertrag so geregelt ist. Sollte der Vermieter Sie beim Rauchen erwischen, obwohl es anders »vereinbart« war, ist dies kein Kündigungsgrund. Immerhin könnten Sie bei Unterzeichnung des Vertrags Nichtraucher gewesen sein.

Sind Sie vorbestraft?
Lügen: teilweise erlaubt!

Wer schon mal eine Gefängnisstrafe verbüßt hat, muss das dem neuen Vermieter nicht zwingend auf die Nase binden. Einzige Ausnahme: Eine Mietaufhebungsklage oder eine Verurteilung wegen Mietbetrugs darf nicht verschwiegen werden, da bei diesen Fällen ein Zusammenhang zum aktuellen Mietverhältnis besteht.

Wie viele Haushaltszugehörige werden die Wohnung beziehen?
Lügen: verboten!

Das dritte Kind einfach verschweigen, den Lebensgefährten erst nach dem Einzug aus dem Hut ziehen oder bei einer WG nur zwei Mieter anmelden und mit fünf anrücken – all das ist nicht erlaubt. Die Frage des Vermieters nach der Anzahl der Mitmieter ist berechtigt und muss daher wahrheitsgemäß beantwortet werden.

Sind Sie schwanger?
Lügen: erlaubt!

Fragen nach der Familienplanung verletzen das allgemeine Persönlichkeitsrecht des Mieters, daher hat der Vermieter, genau wie der Arbeitgeber beim Vorstellungsgespräch, kein Anrecht auf eine wahrheitsgemäße Auskunft bei dieser Frage. Genauso wenig müssen Sie Ihren Familienstand angeben oder ob Sie in naher Zukunft Kinder wollen. Anders sieht es (siehe oben) bei der Frage nach der Anzahl der Mitmieter aus.

Ist das Arbeitsverhältnis unbefristet?
Lügen: verboten!

Das Kreuzchen bei dieser Frage sollte wahrheitsgemäß bei »Ja« oder »Nein« gemacht werden, da diese Information für den Vermieter, der in der Regel an einem langfristigen Mietverhältnis Interesse hat, wichtig ist. Will Ihr Arbeitgeber Sie dagegen demnächst ins Ausland schicken und Sie suchen daher nur eine Wohnung für ein Jahr, ist dies nicht verpflichtend anzugeben.

Gehören Sie einem Mieterverein an?
Lügen: erlaubt!

Vor dem Mieterschutzbund hat jeder Vermieter gehörigen Respekt, dennoch gelten Vereinszugehörigkeiten jeder Art und damit auch die beim Mieterschutzbund als Privatangelegenheit des Mieters. Daher besteht hier keine Auskunftspflicht, auch wenn man argumentieren könnte, dass diese Information sehr wohl für das Mietverhältnis von Bedeutung sein kann – nämlich im Streitfall.

Haben Sie Haustiere?
Lügen: teilweise erlaubt!

Die Haltung bestimmter Tiere setzt das Einverständnis des Vermieters voraus, daher muss die Frage nach Hunden und Katzen ebenso wahrheitsgemäß beantwortet werden wie jene nach giftigen Tieren. Die Haltung von Kleintieren wie Hamstern, Hasen, Meerschweinchen, Vögeln, Schildkröten und Fischen hingegen darf vom Vermieter nicht verboten werden, daher darf hier geschwindelt werden.

Wer allerdings trotz eines ausdrücklichen Verbots im Mietvertrag mit Katze oder Hund einzieht, der riskiert eine fristlose Kündigung. Gleiches gilt, wenn man die Vertragsklausel, dass die Haltung von Haustieren (sofern es keine Kleintiere sind) nur mit der Zustimmung des Vermieters möglich ist, ignoriert und nicht vorher nachfragt.

Haben Sie eine Privathaftpflicht-/Hausratversicherung?
Lügen: erlaubt!
Auf Fragen nach Versicherungen muss der Mieter keine Auskunft geben, ebenso wenig sind die entsprechenden Klauseln im Mietvertrag zulässig, die ihn nach Unterzeichnung zum Abschluss einer Haftpflicht- oder Hausratversicherung verpflichten. Gegen eventuelle Schäden kann der Vermieter sich (wenn auch nur bis zu einer gewissen Höhe) schließlich über die Kaution absichern.

Wie hoch ist Ihr verfügbares Einkommen?
Lügen: verboten!
Fragen zur finanziellen Situation des Mieters sind zulässig. Bis zu drei Lohn- oder Gehaltsabrechnungen, der letzte Einkommensteuerbescheid oder eine

Bestätigung vom Steuerberater über das monatliche Nettoeinkommen müssen dem Vermieter auf Wunsch daher vorgelegt und dürfen auch nicht manipuliert werden. Gleiches gilt für die Schufa-Auskunft, Fragen nach Lohn- bzw. Gehaltspfändung, eidesstattlicher Versicherung und Insolvenzanträgen.

Spielen Sie ein Instrument?
Lügen: erlaubt!
Solange Sie kein Profimusiker sind, der täglich mehr als zwei Stunden musiziert, ist eine wahrheitsgemäße Angabe nicht verpflichtend, da Hobbys als Privatangelegenheit gelten. Natürlich nur, solange sich der Mieter an die vorgeschriebenen Ruhezeiten hält.

Welcher Religionsgemeinschaft gehören Sie an?
Lügen: erlaubt!
Die Frage nach der Religionszugehörigkeit ist ebenso wenig zulässig wie die nach der Nationalität eines Mieters oder nach eventuellen Parteimitgliedschaften. Daher ist es hier erlaubt, ausweichend oder falsch zu antworten.

Nein, ich baue keine Moschee
Im Grunde lief es so gut wie immer gleich ab, wenn ich mich auf dem freien Markt um eine Wohnung bemühte. Auf unsere E-Mails bekam ich entweder gar keine Antwort (95 Prozent) oder ein unpersönliches Standardschreiben mit viel Blabla (5 Prozent). Rief ich irgendwo

an, machte mit entweder mein Akzent oder mein arabischer Name einen Strich durch die Rechnung.

Ich weiß, dass die Schwaben angeblich alles können außer Hochdeutsch. Besonders gut, wenn nicht sogar Weltmarktführer sind sie aber im Erfinden von Gründen und Ausreden, wenn es darum geht, ihre kostbare Wohnung nicht an mich und meinesgleichen zu vermieten. Da kann kein Maschinenbaupatentinhaber oder sonstiger Tüftler mithalten, die Kreativität der Vermieter ist wirklich beachtlich. Daher will ich hier gar keine konkrete Geschichte erzählen, sondern einen Einblick in das Sammelsurium der Vorurteile und hanebüchenen Argumente geben, die ich mir auf der Suche nach einem Apartment anhören durfte.

»Zieht dann bald Ihre Familie aus Marokko nach, und in dem einen Zimmer leben dann zwanzig Leute?«

»Kochen Sie viel? Mit Knoblauch und so?«

»Wie oft beten Sie? Nicht, dass sich die Nachbarn davon gestört fühlen.«

»Wissen Sie, wenn hier zu viele Muslime herziehen, wird am Ende noch eine Moschee in unserem schönen Stadtteil gebaut.«

»Haben Sie viele Kinder? In dem Haus wohnen fast nur Rentner, die mögen das nicht.«

»Nichts gegen Sie, Sie machen wirklich einen sehr netten Eindruck, aber wir wollen den Hausfrieden nicht gefährden.«

»Oh, ich sehe gerade, die Wohnung ist leider schon weg.«

»Sie müssen das verstehen. Neulich ist hier in der Gegend erst ein Rentner in der U-Bahn überfallen worden, angeblich waren das Araber.«

»Trägt Ihre Frau ein Kopftuch?«

»Können Sie sich die Miete überhaupt leisten?«

»Und Sie haben wirklich einen Job?«

Ach ja, ich habe inzwischen eine Wohnung gefunden, über einen Freund, der ebenfalls Ausländer ist. Er hat mich seinem Hausverwalter als zuverlässigen Nachmieter vorgeschlagen, und – oh Wunder! – es hat geklappt. Einfach so. Ohne dumme Bemerkungen.

Ein Marokkaner aus Stuttgart

Gewusst wie

Okay, in der Anzeige stand, dass die Wohnung »geringfügig renovierungsbedürftig« und damit ideal für »handwerklich Begabte« sei, dennoch hätte ich mit so etwas in meinen kühnsten Träumen nicht gerechnet. Manche Leute schrecken aber auch vor gar nichts zurück – und haben vermutlich auch noch Erfolg damit.

Von der Anzeige fühlte ich mich sofort angesprochen. Immerhin verbringe ich als passionierter Hobbyhandwerker oft mehr Zeit im Baumarkt oder auf irgendwelchen Baustellen von Bekannten als mit meiner Freundin. Warum also nicht ein paar Tapeten runterreißen, neu tapezieren und streichen, Fußböden abschleifen oder im Bad neue Armaturen anbringen und dabei Geld sparen?, dachte ich mir. Immerhin wurden einem ganze zwei Monate mietfreies Wohnen in Aussicht gestellt. Für mich durchaus ein fairer Deal.

Als ich dann zusammen mit der Vermieterin vor der Bruchbude stand, fiel mir nichts mehr ein. Schon von außen sah das Haus, das vermutlich aus den dreißiger Jahren des letzten Jahrhunderts stammte, katastrophal aus. Uralte Fenster, zum Teil mit kaputten Scheiben, eine Eingangstür, die sich nicht schließen ließ, und eine Außenanlage, die seit mindestens fünfzig Jahren keinen Gärtner mehr gesehen hatte.

Drinnen wurde es nicht besser. Im Wohnzimmer stand ein Kohleofen, die Elektroleitungen waren auf Putz verlegt, manche Kabel durchtrennt, und das Bad war nicht mal gekachelt. Darin fanden sich eine orange angelaufene Sitzbadewanne und ein zersprungenes Waschbecken.

»Hier können Sie sich so richtig austoben«, versuchte mir die Vermieterin das Chaos schmackhaft zu machen. »Sie haben völlig freie Hand. Wo gibt es das schon in einer Mietwohnung?«

Sie war offensichtlich auch noch stolz auf ihr tolles Angebot und wollte sich von meiner entsetzten Miene nicht aus der Ruhe bringen lassen.

»Besorgen Sie denn das Material, oder wie funktioniert das?«, fragte ich.

»Ich? Wieso? Das bleibt selbstverständlich Ihnen überlassen, dafür können Sie es sich ja auch so machen, wie es Ihnen gefällt. Und zwei Monate mietfrei wohnen Sie ja auch.«

»Für die Renovierung braucht man sicher länger«, hielt ich dagegen.

»Das ist Ihr Problem«, meinte sie unbeeindruckt. »Im ersten Stock habe ich wen gefunden, der das in vier Wochen schafft. Dann hat er noch einen Monat kostenloses Wohnen übrig.«

Da ging mir erst ihr tolles Konzept auf: Sie ließ sich von den Mietern das komplette Haus instand setzen! Ganz schön clever – aber nicht mit mir.

Jürgen aus Oldenburg

Auf die Richtige gesetzt

Nach der Trennung von meinem Freund war ich auf der Suche nach einer Zweizimmerwohnung in Heilbronn. Ich fand auch bald eine nicht gerade günstige, aber sehr schöne, natürlich über Makler. Nachdem ich dem Büro die ausgefüllte Selbstauskunft und den gewünschten Verdienstnachweis gemailt hatte, bekam ich einen Termin.

Das Haus war keine fünf Jahre alt, die Wohnung bestens ausgestattet mit Parkett, einer modernen Einbauküche und einem riesengroßen weiß gekachelten Bad mit Dusche und Badewanne. Bisher hatte hier das Töchterchen der Besitzer gewohnt, das nun heiratete, weshalb die Eltern die Wohnung vermieten wollten.

Mit mir waren etwa fünfzehn andere Interessenten da, die alle geschäftig durch die Räume wuselten, manche mit Meterstab und Zettel bewaffnet, andere mit Kamera in der Hand. Alle scharten sich im Wohnzimmer um die Maklerin und versuchten, bei ihr Eindruck zu schinden.

Mir war das zu blöd, und so ging ich ins Schlafzimmer vor, wo eine Frau stand und an der Gardine zupfte. Mir war sofort klar, dass das die Vermieterin sein musste, und ich verwickelte sie in ein Gespräch. Als die anderen in den Raum kamen, dachten sie wohl, sie sei ebenfalls eine Interessentin, obwohl sie die einzige Person ohne Jacke war, aber mir war das nur recht.

Die Wohnung gefiel mir wirklich sehr gut, was ich der Maklerin beim Gehen noch mal ausdrücklich sagte. Wieder im Büro, schickte ich eine Mail hinterher und betonte ein weiteres Mal, wie nett ich mich mit der Vermieterin unterhalten hätte.

Einen Tag später rief die Maklerin an. Ich hatte die

Wohnung. Als sie mir dann auch noch einen schönen Gruß von der Vermieterin ausrichtete, wusste ich, dass ich auf die Richtige gesetzt hatte.

SAP-Beraterin aus Heilbronn

Bleibende Erinnerung

St. Georg – das Hamburger Stadtviertel in der Nähe des Hauptbahnhofs hat sich vor einigen Jahren vor allem durch seine Drogenszene einen Namen gemacht. Inzwischen ist es aber ziemlich in, und ich wollte unbedingt dort wohnen. Nach der Besichtigung einer Zweizimmerwohnung in einem Mehrfamilienhaus habe ich es mir dann aber anders überlegt.

Die Wohnung war sehr günstig, und als ich das Haus sah, wusste ich auch, warum: an einer Hauptstraße gelegen, mit völlig verdrecktem Eingang, alten Fenstern und einem total heruntergekommenen Treppenhaus.

Mit mir waren ungefähr zehn andere Leute da, und während die Maklerin die Interessenten durch die Räume führte, fing ein Mann an zu stänkern. Er sah total fertig aus, vermutlich war er betrunken. Wie der zu dem Besichtigungstermin kam, weiß ich bis heute nicht. Als er die Maklerin als »geldgeile Schlampe« beschimpfte, setzte sie ihn resolut vor die Tür und machte weiter, nachdem sie sich wortreich bei uns entschuldigt hatte. Man hörte ihn noch eine Weile im Treppenhaus randalieren, dann war Ruhe.

Die Wohnung gefiel mir nicht, im Bad konnte man sich kaum um die eigene Achse drehen, und das Schlafzimmer ging nach vorn auf die stark befahrene Straße hinaus. Daher verabschiedete ich mich von der Maklerin und ging.

Vor der Tür wäre ich fast ausgerutscht, denn auf der Fußmatte prangte ein Scheißhaufen – offenbar menschlicher Natur. Hatte der Randalierer aus Wut doch tatsächlich vor die Tür gekackt!

Nicole aus Hamburg

Zwiebelrostbraten und zum Nachtisch ein Mietvertrag

Wir sind vor einigen Jahren als Spätaussiedler aus Sibirien nach Deutschland gekommen, nachdem wir in einem schriftlichen Verfahren unsere deutsche Volkszugehörigkeit nachgewiesen hatten. Da wir zu Hause nach wie vor Deutsch miteinander reden, waren die geforderten Sprachkenntnisse kein Problem. Vom Land Baden-Württemberg wurden wir gemeinsam mit einer befreundeten Familie dem Landkreis Schwäbisch-Hall zugeteilt und landeten in einem familiengeführten Landgasthof in der Nähe von Crailsheim.

Die Wirtsleute nahmen uns sehr herzlich auf und verpflegten uns bestens. Wir bekamen täglich eine warme Mahlzeit, die sehr großzügig bemessen war – und köstlich schmeckte! Als die Wirtin mitbekam, mit welchem Appetit ich ihren Zwiebelrostbraten verschlang, bekam ich jedes Mal eine Extraportion.

Auch sonst stand uns die hilfsbereite Frau in allen Belangen mit Rat und Tat zur Seite – sei es bei der Jobsuche, bei Behördengängen oder der Anmeldung unserer Kinder in der Schule. Irgendwann stand auch die Wohnungssuche auf dem Plan, die uns vor große Hürden stellte. Russlanddeutsche sind in Deutschland nicht sehr beliebt, und so blieben alle unsere Bemühungen erfolglos. Meist wurden wir bereits am Telefon abgewimmelt, spätestens aber bei der Besichtigung bekamen wir diese oder jene Ausrede zu hören. Wohnraum war damals lange nicht so knapp wie heute, aber die Leute ließen ihre Wohnungen lieber leer stehen, als an uns zu vermieten.

Als die Wirtin von unseren Schwierigkeiten hörte, sagte sie: »Das gibt's doch gar nicht! Ich glaub, ich muss die Sache mal in die Hand nehmen.« Sprach's und rief zwei Unternehmer an, die mehrere Mietshäuser besaßen.

Keine zwei Tage später hatten wir einen Besichtigungstermin und konnten noch im selben Monat in unsere eigenen vier Wände ziehen. Den Erfolg feierten wir mit einem Abschiedsessen, bei dem es für mich eine Riesenportion Zwiebelrostbraten gab – was sonst? Ich glaube, er hat mir nie besser geschmeckt als an jenem Tag.

Georg L. aus Crailsheim

Verkehrte Welt?

Nach meiner Ausbildung zum Industriekaufmann beschloss ich, meinen Traum vom Mathematikstudium zu verwirklichen, und bewarb mich für das kommende Wintersemester um einen Studienplatz. Nach dem Bachelor in Mathematik strebte ich einen Master in Technomathematik an. Da ich mich möglichst breit beworben hatte, standen am Ende drei Unis zur Auswahl, und ich entschied mich für die TU in Kaiserslautern, obwohl die Stadt nun wahrlich nicht zu den Places-to-be gehört. Aber ich wollte gern in Süddeutschland bleiben, und München war mir definitiv zu teuer. Wohnungen waren auch in meiner bisherigen Heimat Stuttgart ein knappes Gut und entsprechend umkämpft, daher rechnete ich mit dem Schlimmsten, als ich mich auf die Suche machte.

Mein erster Weg führte mich gleich nach meiner Anmeldung im Immatrikulationsbüro der Universität zur Zimmervermittlung des Studierendenwerks. Die Auswahl an freiem Wohnraum war beträchtlich, auch wenn die meisten der angebotenen Zimmer eher schlicht waren. Das war die erste Überraschung.

Die zweite ließ nicht lange auf sich warten. Als ich bei einer Besichtigung recht zögerlich durch die Räume ging, sagte der Vermieter zu mir: »Wenn Sie einen Zweijahresmietvertrag abschließen, können Sie die ersten zwei Monate umsonst wohnen.«

Ich glaubte, mich verhört zu haben – da war ich von Stuttgart anderes gewöhnt! –, und fragte noch mal nach.

Der Vermieter nickte nur, da sagte ich spontan zu.

In der Wohnung wohne ich heute noch.

Mathematikstudent aus Kaiserslautern

Vertrauensvorschuss? Fehlanzeige

Mir sagte ein Vermieter am Telefon ganz deutlich, dass er nicht mehr an Ausländer vermiete, weil er einmal von einer bulgarischen Familie reingelegt worden sei. Auf knapp dreitausend Euro Mietschulden sei er damals sitzengeblieben, das fördere nicht gerade das Vertrauen. So etwas wolle er ganz sicher nicht noch mal erleben.

Als ich sagte, dass er nicht alle Menschen (auch nicht alle Ausländer) über einen Kamm scheren dürfe, meinte er nur: »In den letzten drei Tagen haben sich zig Leute auf die Wohnung beworben – sozusagen freie Auswahl für mich. Da wäre ich ja blöd, wenn ich keine

Vorauswahl treffen und mir nicht den Besten aussuchen würde. Da fallen nun mal einige Leute durchs Raster. Das ist keine Diskriminierung, sondern purer Selbstschutz.«

Eine Kroatin aus Lübeck

Licht am Ende des Tunnels

Als ich im Jahr 2009 in Düsseldorf eine Zweizimmerwohnung suchte, möglichst mit Balkon und Wannenbad, machte ich mich auf einiges gefasst. Wie in jeder Großstadt war auch hier der Andrang groß, und ich tat in meiner Freizeit wochenlang nichts anderes, als Besichtigungstermine zu absolvieren.

Aber es war wie verhext: Mal gefiel mir die Lage, mal die Wohnung nicht, und wenn ich ausnahmsweise begeistert meine Selbstauskunft abgab, entschied sich der Makler oder Vermieter für wen anders.

Damals trat eine Freundin von mir, die sich sozial engagierte, mit einer ungewöhnlichen Bitte an mich heran. Einer ihrer Schützlinge, den sie ehrenamtlich betreute und der seit fast dreißig Jahren in Flingern lebte, einem Stadtbezirk von Düsseldorf, sollte in ein betreutes Wohnprojekt für abhängige Männer wechseln. Der sechsundfünfzigjährige Bauarbeiter, Horst, seit über zehn Jahren arbeitslos, war schwerer Alkoholiker und kam allein nicht mehr zurecht. Mit seinem Umzug war er restlos überfordert.

Spontan sagte ich ihr meine Hilfe für das kommende Wochenende zu. Zwar hatte sie Horsts Sammelwut in einem Nebensatz erwähnt und auch mehrfach betont, dass er ein ausgeprägter Chaot sei, aber was mich an besagtem Samstagmorgen um neun erwartete, überstieg meine Fantasie um ein Vielfaches. So etwas wie diese Wohnung habe ich wirklich in meinem ganzen Leben noch nicht gesehen. Der gute Horst war ein waschechter Messie, und zwar einer von der ganz heftigen Sorte.

Aber der Reihe nach.

Voller Elan drückte ich die angelehnte Eingangstür auf und rief: »Hallo, Dani, ich bin da!«

Fast wäre ich gegen das Türblatt gelaufen, denn die Tür ließ sich nur zur Hälfte öffnen. Sowohl dahinter wie auch an allen Wänden der winzigen Diele stapelten sich Kartons mit offenbar defekten Elektrogeräten bis zur Decke. Überall hingen Kabel und Drähte heraus, lagen Abdeckungen neben Festplatten, Platinen und sonstigem Schrott. Außerdem stank es fürchterlich nach altem Zigarettenrauch und Schweiß. Hier hatte garantiert seit sieben Jahren keiner mehr gelüftet.

»Sorry!« Dani kam mir mit erhobenen Händen entgegen und stieg in dem schmalen Gang über gefühlte hundert Plastiktüten mit leeren Getränkedosen hinweg, die vor den Kartonreihen standen.

»Oh mein Gott…«, entfuhr es mir.

Dani nickte. »Dass es so schlimm ist, hab ich nicht gewusst«, sagte sie geknickt, »ich hätte dich sonst nie um Hilfe gebeten. Ich war noch nie bei Horst zu Hause und hatte keine Ahnung, was…« Vor lauter Aufregung redete sie immer schneller und schnappte nach Luft wie ein Fisch im Fangeimer.

»Keine Sorge, wir haben schon ganz andere Dinge zusammen durchgestanden.« Ich nahm sie kurz in den Arm. »Außerdem bist du eine hervorragende Köchin«, fügte ich grinsend hinzu.

Sie schnitt eine Grimasse, und ich wusste, dass sie mich zum Dank für meinen Einsatz die nächsten drei Jahre kulinarisch verwöhnen würde – als Entschädigung.

Dani ging voraus ins Wohnzimmer, wo ein älterer Herr mit Gummihandschuhen damit beschäftigt war, leere Flaschen in Kartons und Klappboxen zu stapeln. Als ich hereinkam, hielt er inne, begrüßte mich und stellte sich mir vor. Es war der Vermieter. Der Ärmste!

Auch er fing sofort wortreich an, sich zu entschuldigen, ein Rückzieher kam für mich dennoch nicht infrage. Mitgehangen, mitgefangen, sagte ich mir und zog die gelben Handschuhe an, die meine Freundin mir entgegenhielt.

»Wo soll ich anfangen?«, fragte ich und blickte mich in dem Chaos um.

Dani zuckte bloß die Schultern.

»Irgendwo«, sagte der Vermieter resigniert, »es ist überall gleich schlimm.«

Ich entschied mich für die Küche und riss erst mal das Fenster auf. Dass ich dabei eine ganze Batterie an überquellenden Aschenbechern, leeren Konserven, zusammengeknüllten Taschentüchern, Kaffeedosen und Besteck herunterfegte, machte den Bock auch nicht mehr fett. Immerhin fielen die Sachen weich, denn in der Spüle darunter sah es nicht besser aus. Stapel von benutztem Geschirr, verkrustete Pfannen und Töpfe, Eierschalen, Essensreste, halb volle Tassen, aus denen ich nicht für eine Million Euro getrunken hätte, und dazwischen Supermarktprospekte, Handtücher, Socken – es war unbeschreiblich. Dennoch stürzte ich mich in die Arbeit und versuchte wenigstens die Pfandflaschen zu retten, auch wenn sich der Schimmel bereits die meisten Flaschenhälse hochgearbeitet hatte.

Zwei Stunden später brauchte ich dringend eine Zigarettenpause und ging zu den anderen zurück ins Wohnzimmer. Die Berge hatten sich ein wenig gelichtet, durch die trüben Fensterscheiben schien die Sonne herein, und man konnte zumindest erahnen, wie groß und hell der Raum im Grunde war.

»Wo ist eigentlich dieser Horst?«, fragte ich in den Lärm, den Dani machte, als sie den Inhalt des Wohnzimmerschranks mit dem Unterarm kurzerhand in einen blauen Müllsack schob.

»Den haben wir im Café nebenan geparkt. Der hätte es nicht verkraftet mitanzusehen, wie wir seine geliebten Sammlerstücke entsorgen.«

Mir blieb die Spucke weg. »Sammlerstücke? Du meinst diesen unverwertbaren Kram hier? Dafür gibt uns ja nicht mal mehr der Schrotthändler auch nur einen Cent.«

»Fragen Sie mal mich«, meldete sich der Vermieter zu Wort, der beinahe vollständig hinter einem der Kartonstapel verschwunden war. »Ich kann einen Kredit aufnehmen, um die Wohnung sanieren zu lassen. Wahrscheinlich ist es besser, ich verkaufe die ganze Bude. Dann habe ich meine Ruhe!«

»Nicht doch, das wird schon wieder. Wir haben in den paar Stunden schon eine ganze Menge geschafft«, versuchte Dani ihn aufzumuntern. »Sehen Sie nur mal die Ecke hier, die ist schon so gut wie frei.« Sie deutete neben das Sofa, wo tatsächlich wieder zu erkennen war, dass die Wohnung über eine Zentralheizung verfügte.

Der Vermieter winkte bloß ab. »Da denkt man, eine

Immobilie sei eine sichere Kapitalanlage, und dann so was. Eine Kapitalvernichtungsanlage ist das hier, sonst gar nichts!«

Da es inzwischen Viertel nach zwölf war, verlegten wir die Pause kurzentschlossen ins Café nebenan. Dani und ich redeten dem gebeutelten Vermieter gut zu, die Wohnung zu behalten, und sicherten ihm auch weiterhin unsere Hilfe zu. Es war völlig klar, dass wir die Bude nicht an einem Tag von dem Müll befreien konnten.

»Aber das kann ich Ihnen doch gar nicht vergelten«, wiegelte er verlegen ab und biss in sein Wurstbrötchen.

Während Dani ihm erklärte, dass sie als ehrenamtliche Helferin sowieso nicht mit einer Bezahlung rechne, reifte in meinem Kopf eine Idee heran, die mir immer besser gefiel, je länger ich sie überdachte.

Flingern gehörte zu den Stadtteilen, in denen ich selbst suchte, und Horsts Wohnung lag nicht nur besonders zentral in der Nähe des S-Bahnhofs, sondern war auch noch gut geschnitten und sehr ruhig, da sie nicht zur Straße, sondern auf einen begrünten Hof hinausging. Momentan war sie zwar so eklig, dass man sich kaum vorstellen konnte, jemals dort einzuziehen, aber wenn sie erst von Grund auf saniert war, würde sie ein echtes Schmuckstück werden.

»Wie wäre es denn mit einem Deal?«, begann ich und unterbreitete dem Vermieter meinen kühnen Vorschlag. Dass mir dabei die Knie vor Aufregung zitterten, konnte er dank meiner weiten Hose zum Glück nicht sehen.

Er überlegte kurz und streckte mir dann die Hand hin. »Einverstanden.«

Drei Monate später war es tatsächlich so weit. Ich zog selbst um, und zwar in Horsts Wohnung. Die sah aus wie neu, und zum Dank hatte mir der Vermieter eine wirklich faire Miete angeboten. Zur Einweihungsparty kam er mit einer Flasche Sekt vorbei, während Dani für alle gekocht hatte. Auch wenn ich es bei meinem ersten Besuch in der Wohnung niemals für möglich gehalten hätte: Das war der Anfang eines super Mietverhältnisses, das bis heute fortbesteht.

Olaf aus Düsseldorf

Blind Date

Als jobsuchende Alleinerziehende in München eine Wohnung zu unterhalten ist kein leichtes Unterfangen, doch als zum neuen Jahr die nächste Mieterhöhung kam, war ich aus dem Spiel draußen. Das konnte ich mir beim besten Willen nicht mehr leisten – insbesondere, da es auf dem Arbeitsmarkt für mich mehr als dürftig aussah. Ein Halbtagsjob in der Tourismusbranche würde wohl für immer ein Traum bleiben.

Was tun? Die Hoffnung auf eine günstigere Wohnung war gleich null, also entschied ich: Pack die Badehose und die Kleene ein und ab zurück nach Berlin, wo ich herkomme. Also aktivierte ich meine Kontakte von früher, animierte alle, die ich kannte, zum Mitsuchen, und spannte vor allem jeden für Besichtigungstermine ein, der sich dazu bereiterklärte. Bei der ständigen Ebbe in meinem Portemonnaie war's einfach nicht drin, andauernd nach Berlin zu tingeln und mir Wohnungen anzusehen.

Ein Apartment in einem typischen Q3A-DDR-Wohnblock aus den Sechzigern in Berlin-Lichtenberg klang vielversprechend, noch dazu wurde es privat und nicht über Makler vermittelt. Ich mailte sofort und erklärte dem Vermieter erst mal, dass ich die Wohnung nicht selbst angucken könne, weil ich derzeit in München wohne. Fand er okay, also bat ich meine Mutter, sich das Objekt anzusehen. Die konnte nicht, schickte aber ihre Freundin Marion hin, die sich sofort begeistert auf den Weg machte.

Bei der Besichtigung stach die Künstlerin mit der extrovertierten Persönlichkeit mit Sicherheit unter den vielen Interessenten heraus. Sie pries mich dem Vermieter zudem als ihre Patentochter an, für die sie die Hand ins Feuer legen könne. Die Konkurrenz war groß, denn alle, die da waren, und das waren nicht wenige, wollten die Wohnung haben. Und meine Selbstauskunft war ganz sicher nicht die beste, weshalb ich mir keine großen Chancen ausrechnete. Zwar war die Miete gesichert, da das Amt immer pünktlich zahlte, aber ich gab ehrlich an, dass ich mit meiner Tochter schon mal im Frauenhaus und danach mit einer anderen Alleinerziehenden in einer WG gelebt hatte. Außerdem erklärte ich, dass ich es aus eigener Kraft schaffen wolle, wieder unabhängig zu sein und meinen Lebensunterhalt selbst zu verdienen, und stellte vorsichtshalber noch zwei Bürgen.

Das schien den Vermieter irgendwie zu beeindrucken, denn ich bekam die Wohnung und musste sogar nur eine Monatsmiete als Kaution hinterlegen, weil er meinte, das Geld könne ich sicher gerade anderweitig brauchen. Das Tollste daran war, dass ich den Vermieter bis zu meinem Einzug kein einziges Mal gesehen hatte. Genauso wenig wie die Wohnung.

Ivonne aus Berlin

DIENSTAG, 9. JULI – TAG 129

Status quo

Wunsch: *2 Zimmer, einen Balkon braucht kein Mensch. Provision zahle ich natürlich, mit Freude sogar. Und das mit dem Fenster im Bad war echt naiv. Renovierungsarbeiten werden noch immer gern übernommen, selbstverständlich auf eigene Kosten.*

Budget: *1300 € Kaltmiete (so gut wie Harakiri!)*
Angerufene Makler: *22* **Erhaltene Absagen:** *29*
Neue Angebote per Mail: *13* **Besichtigungen:** *89*
Grad der Verzweiflung:
9 von 10 **Euphorie:** *-100*

Okay, ich hab's kapiert. Als Vermieter in einer Stadt wie München ist man arm dran. Ganz arm sogar. Da bekommt man zigtausend Anfragen von zigtausend Bewerbern, und dabei hat man doch nur eine einzige Wohnung zu vermieten. Oder fünfzehn. Aber das steht ja auch in keinem Verhältnis zur Bewerberzahl. Völlig klar, das kann kein normaler Mensch bewältigen, erst recht nicht neben dem anstrengenden Job als Zahnarzt oder Großgrundbesitzer mit eigenem Jagdrevier oder Kapitalinvestor, der Tag und Nacht

Aktienkurse im Blick behalten muss. Da bleibt einem gar nichts anderes übrig, als einen Makler die Fleiß-arbeit machen und die Vorauswahl treffen zu lassen.

Die Verantwortung, den einzig Richtigen unter den vielen Falschen herauszusuchen, ist auch wirklich zu groß. Ich kann mir vorstellen, wie schwer das auf den zarten Vermieterschultern lastet. Vermutlich kön-nen diese bedauernswerten Menschen angesichts der Qual der Wahl nachts schon nicht mehr schlafen, weil sie eine immens wichtige Entscheidung treffen müssen, die da lautet: In welche vertrauensvollen Hände kann ich bloß meine Immobilie übergeben?

Klar, an Ausländer nicht, die wirtschaften die Räume bloß runter, haben zu viele Kinder, den Nachbarn kann man den Lärm und Dreck auch nicht zumuten, und am Ende hauen sie noch ab in die Karpaten, und der arme Vermieter bleibt auf seinen Kosten sitzen. Auch andere Risikogruppen wie Alleinerziehende, junge Paare, die zum ersten Mal zusammenziehen (und nach drei Wochen fest-stellen, dass es doch nicht passt), Musiker, Arbeits-lose, Hartz-IV-Empfänger oder gar verarmte Rent-ner kommen nicht infrage. Mieterhöhungen sind da so gut wie nicht drin, dafür kennen die nämlich alle ihre Rechte, aber keine einzige ihrer Pflich-ten. Selbst wenn man noch so gern wollte, als Gut-mensch oder auch einfach so, es geht nicht. Nee, nee! Zu viel Risiko und zu wenig Rendite.

Nun ja, bei einhundertvier Bewerbern und nur einer Wohnung lautet nach den Gesetzen der Mathe-matik das Ergebnis zwangsläufig: einhundertdrei enttäuschte Gesichter. So viel negative Energie muss man erst mal aushalten. Und sich nicht selten auch noch Diskriminierung und Vetternwirtschaft nachsagen lassen. Echt ungerecht, das. Zumal der Staat daran schuld ist, dass es nicht genügend Wohnungen gibt, und nicht die Vermieter.

Dass man da irgendwann die Lust verliert, kann ich verstehen. Aber mich könntet ihr doch nehmen. Warum tut ihr's dann nicht?

HOLEN, WAS ZU HOLEN IST

Was Makler so alles draufhaben

Luftgebühr

Ich bin noch nicht sehr lange in Deutschland. Mein Bruder Alfonso hat mich aus Spanien hergeholt, weil er sagt, dass man hier ganz gut Geld verdienen kann. Er hat mir einen Job besorgt, als Küchenhilfe in einer Tapasbar. Der Chef ist sehr streng, und oft behält er etwas vom Lohn ein, weil er mit meiner Arbeit nicht zufrieden ist. Mein Bruder spricht viel besser Deutsch als ich, aber er sagt, er kann mir nicht helfen. Wohnen kann ich auch nicht länger bei ihm, seiner Freundin gefällt das nicht.

»Ich habe dich hergeholt, mehr kann ich nicht für dich tun. Du musst endlich alleine klarkommen«, sagt er in einem Streit zu mir.

Eine Freundin gibt mir die Adresse von einer privaten Haus- und Vermögensverwaltung. Die Wohnungen seien nicht toll, sagt sie, aber günstig. Außerdem wohnten dort viele Ausländer, da finde man schnell Anschluss.

Ich rufe die Nummer an, die sie mir gegeben hat, und verstehe die Frau am Telefon kaum, weil sie feinstes Plattdeutsch redet.

»Könnten Sie das bitte wiederholen?«, frage ich höflich.

Da schreit sie ins Telefon, als ob ich taub wäre: »Sie müssen einen Termin mit unserem Mieter-Manager ausmachen, der koordiniert das alles.«

Drei Tage später habe ich einen Termin mit dem unfreundlichen Mann. Leider hat meine Freundin keine Zeit, mich zu begleiten – ich gehe nicht gern allein hin. Der Typ ist schmierig und mustert mich wie ein Stück Fleisch. Die Wohnung, die er mir zeigt, ist in einem miserablen Zustand und direkt an einer Hauptverkehrsstraße. Ich soll irgendwelche Unterlagen ausfüllen, aber ich verstehe nicht, was da steht.

Da nimmt er mir den Zettel aus der Hand und macht die Kreuze selbst. »Hier unterschreiben«, sagt er und hält mir einen Kuli hin.

Natürlich tue ich es, ich will ja endlich eine Wohnung. Weil ich keinen Lohnzettel bringen kann, will er irgendwas von meinem Bruder, und weil ich ihn wieder nicht verstehe, gibt er mit einen Zettel mit und sagt, den soll ich wiederbringen. Mit der Unterschrift von Alfonso.

Es ist eine Bürgschaft, erklärt mir mein Bruder später. Zähneknirschend setzt er seinen Namen auf das Papier.

Beim nächsten Treffen bekomme ich bestimmt den Schlüssel, denke ich und gebe dem Mieter-Manager den Zettel.

Da sagt er: »So, damit wäre dann jetzt noch unsere Luftgebühr fällig«

»¿Qué?«, frage ich und bin der Meinung, dass ich es schon wieder nicht richtig verstanden habe. »Was bitte?«

»Die Luftgebühr. Das ist Pflicht für die Vermittlung der Wohnung. Nur in bar, und zwar innerhalb von vierundzwanzig Stunden. Das macht dann fünfhundert Euro.«

Ich verstehe kein Wort. »Was?«, wiederhole ich. »Und wofür?«

Er wird böse. »Wenn Sie noch mal fragen, bekommt wer anders die Wohnung, klar?«

»Klar!« Das habe ich verstanden.

Ich rufe meinen Bruder an, der dieses komische Wort auch noch nie gehört hat. Luftgebühr. Was soll das sein? Wir wissen es nicht, aber er leiht mir dreihundert Euro – mehr hat er nicht –, und ich bringe es dem Mann am nächsten Tag vorbei.

Der reißt es mir aus der Hand und lacht wie ein Verbrecher. Dann sagt er: »Du kannst den Rest bei mir abarbeiten, bist ja ganz hübsch. Das Angebot mache ich nicht jeder, damit das klar ist. Ich bin nämlich wählerisch. Wenn du nicht bis morgen zahlst, macht es sechshundert Euro – mit Zinsen.«

Wieder verstehe ich nicht alles, aber ich merke an seinem Ton, dass es nichts Gutes zu bedeuten hat. Und der letzte Satz lässt mich schließlich alles tun, um die fehlenden zweihundert Euro in meinem Bekanntenkreis zusammenzubetteln.

Beim nächsten Treffen bekomme ich tatsächlich den Vertrag, und wir machen die »Wohnungsübergabe«, so steht es auf dem Protokoll, das ich mitbekommen habe. Von den Sachen, die ich reklamiert habe, steht da aber nichts drauf. Das Waschbecken im Bad ist kaputt, der Hahn tropft, und an einem Fenster fehlt der Griff.

Ich zeige dem Typen die Mängel und sage: »Das

muss aber vor meinem Einzug noch renoviert werden.«

Darauf er: »Du kannst den Hausmeister anrufen, der regelt das. Wenn er Zeit und Lust hat, kümmert er sich drum. Wenn du nett zu ihm bist, geht es übrigens schneller. Nur so als kleiner Tipp.«

Mir wird schlecht, und ich nehme mir vor, den Termin mit dem Hausmeister nicht ohne meinen Bruder zu machen.

Wir gehen nach draußen, den Schlüssel habe ich endlich in der Tasche. Im Hof erschrecke ich, weil jemand gerade Matratzen und eine Kommode von einem Balkon im dritten Stock der Wohnanlage wirft.

»Was ist denn da los?«, frage ich.

»Ach, das ist der Hausmeister«, sagt der Mieter-Manager und grinst breit. »So geht es den Leuten, wenn sie nicht spuren.«

Damit lässt er mich stehen.

Elena aus Hamburg

Neu in der Stadt

Nach meinem Studium der Politikwissenschaften war ich stolz wie Bolle, dass ich sofort einen Job in Münster gefunden hatte. Am 2. Mai sollte ich anfangen und machte mich schon Ende Februar auf Wohnungssuche.

Eines hatte ich dabei aber nicht bedacht: Neben der ausgefüllten Selbstauskunft verlangen die meisten Makler oder Vermieter ja auch einen Verdienstnachweis – und den konnte ich noch nicht vorlegen. Bisher hatte ich abends in einer Kneipe gejobbt, um mich zu finanzieren, und mehr vom Trinkgeld als von dem kläglichen Stundenlohn gelebt.

Als ich der Maklerin mein Dilemma erklärte, meinte sie schnippisch: »Tja, mein Job ist es, für die Wohnung den bestmöglichen Mieter auszuwählen und nicht irgendwelche Almosen zu verteilen.«

Gela aus Münster

Kalte Dusche

Wir drängeln uns bei einer Besichtigung mit fünf Mann im Winzbad von 'ner Winzbude, und der Makler tut so, als hätte er den nagelneuen Regenduschkopf mitsamt Massage-, Soft- und Schwallstrahl selbst erfunden.

Da fragt der Typ neben mir, ob er das mal live sehen kann.

»Na klar doch«, sagt der Makler euphorisch, reißt an dem Hebel und hat gleich darauf die ganze Armatur in der Hand. Das Wasser spritzt in einem Riesenschwall direkt aus der Wand, und er steht da wie ein begossener Pudel. Ich hab selten so gelacht!

Benno aus Augsburg

Gegenargumente gesucht

Normalerweise versuchen Makler, einem die von ihnen vermittelten Wohnungen ja mit allerlei Schönfärberei schmackhaft zu machen. Ein jeder weiß, dass sich hinter einem »Liebhaberobjekt« oft eine Bruchbude verbirgt oder dass »verkehrsgünstig gelegen« in der Regel heißt, dass die Stadtautobahn quasi quer durchs Wohnzimmer verläuft. Dem Makler ist das häufig egal, verdient er doch sein Geld damit, Dinge und Umstände schönzureden.

Mir ist allerdings genau das Gegenteil passiert, als ich mich mit meinen sechsundsiebzig Jahren noch mal auf

Wohnungssuche machte. Unser Haus war mir als Witwer zu groß geworden, außerdem wollte ich gern in der Lautrer Innenstadt und nicht mehr draußen in Hohenecken wohnen, um möglichst viel zu Fuß erledigen zu können. Mein Auto hatte ich letztes Jahr abgeschafft, da ich mich nicht mehr sicher im Verkehr gefühlt hatte, und seither war ich mit der eher schlechten Bus- und Zugverbindung doch ziemlich eingeschränkt.

Statt mir die Wohnung anzupreisen, versuchte der Makler mir sie doch glatt mit allerlei Argumenten auszureden. Das beste von allen war: »Mal ganz ehrlich, in dem Haus wohnen viele Familien mit Kindern. Nicht, dass Sie sich da belästigt fühlen!«

»Wissen Sie, was mich viel mehr stört als lärmende kleine Kinder? Sie!«, sagte ich und machte auf dem Absatz kehrt.

Günther aus Kaiserslautern

Schönfärberei

Die meisten Formulierungen in Wohnungsanzeigen sind pure Euphemismen, nicht selten verbirgt sich hinter einer blumigen Beschreibung das nackte Elend. Die Ernüchterung folgt oft auf dem Fuße, und wenn man nicht aufpasst, leider erst nach dem Einzug. Umso wichtiger ist es, typische Vermieter- oder Maklerphrasen entschlüsseln zu können, damit sich die vermeintliche Traumwohnung nicht als Alptraum entpuppt.

Hier das Wichtigste in aller Kürze:

Das wird gesagt	Das ist gemeint
Nur wenige Autominuten von der City entfernt	Vor den Toren der Stadt und ohne Anbindung an das öffentliche Verkehrsnetz, im Klartext: Ohne Auto ist man von der Welt abgeschnitten.
In aufstrebendem Viertel	Steigende Preise, Baulärm.
Verkehrsgünstig gelegen bzw. gute Verkehrsanbindung	Wahlweise vier- bis sechsspurige Straße oder Straßenbahnhaltestelle vor der Tür, Autobahn oder Bahnstrecke in Sichtnähe, im Klartext: dauerhafter Verkehrs- und sonstiger Lärm.
Für Handwerker/gut erhalten	Stark bis sehr stark renovierungsbedürftig, im Klartext: totale Ruine.
Wunderschön im Szenekiez gelegen	An Nachtruhe ist nicht zu denken, dafür gibt's Exkremente jeder Art im Hauseingang gratis dazu.
Für Schnellentschlossene	Steht schon seit Ewigkeiten leer und wollte bisher niemand haben, im Klartext: unvermietbar – aus welchen Gründen auch immer.
Notverkauf	Es gibt definitiv einen Haken – nur wo?

Das wird gesagt	Das ist gemeint
Für Individualisten	Küche und Bad haben mindestens fünfzig Jahre auf dem Buckel, im Klartext: fließend (kalt) Wasser vorhanden, mehr nicht.
Ruhige Lage	Verkehrsanbindung – was war das noch mal? Hier ganz sicher nicht gegeben.
Liebhaberobjekt	Bruchbude für Leute, die sonst keine Hobbys und damit viel Zeit haben, um das Loch bewohnbar zu machen.
Ungewöhnlich geschnitten/individueller Grundriss	Völlig verbaut, kaum Stellmöglichkeiten für Möbel, im Klartext: Der Architekt war nicht ganz bei Trost oder mit Drogen vollgepumpt.
Fitnesswohnung für Sportliche	Dachgeschosswohnung ohne Aufzug.
Umgebung mit hohem Freizeitwert	Kreischende Kinder, Freizeitsportler oder Wochenendausflügler vor der Haustür inklusive – und weder samstags noch sonn- oder feiertags ist der angemietete Parkplatz frei.

Das wird gesagt	Das ist gemeint
Singletraum	Tolle Räume, aber Türen waren zur Zeit der Fertigstellung wahlweise nicht erfunden oder total out. Im Klartext: keine Rückzugsmöglichkeit und damit nicht für mehr als eine Person geeignet.
Wohnung in typischem Berliner Charme	Seit dem Zweiten Weltkrieg hat der Vermieter nichts mehr investiert.
Einkaufsmöglichkeiten direkt vor der Tür	Einkaufsstraße oder Supermarkt gleich gegenüber, von Ruhe keine Spur.
Charmanter Altbau	Mit Sicherheit ungedämmt, außerdem undichte Fenster und damit hohe Heizkosten inklusive.
Wohnanlage mit Zukunft	Weiterhin wachsendes Neubaugebiet, Baulärm und Dreck auf unbestimmte Zeit.
Eine Wohnung mit Potenzial	Selbst ein Profi-Handwerker würde sechs Monate für die Renovierung brauchen – und danach wär's immer noch nicht toll.

Listenführer

Bei einer Wohnungsbesichtigung saß der Makler von der Sorte überengagiert im Wohnzimmer und wischte geschäftig auf seinem Handy herum, während die Vormieterin die Massen an Besuchern durch ihre Räume führte. Vor ihm auf dem Tisch lag eine Liste, in die man sich bei Interesse eintragen sollte.

Nachdem ich meinen Namen samt Adresse in die Zeile mit der Nummer 87 eingetragen hatte, wagte ich ihn zu fragen, was er denn sonst noch so im Angebot habe.

Genervt sah er auf, sagte: »Schauen Sie halt auf meine Homepage!«, und wischte weiter.

Nina aus Leipzig

Aus dem Ärmel gezaubert

Als ich nach drei Jahren in der Hauptstadt nach München zurückwollte, wusste ich, dass ich mich auf etwas gefasst machen musste. So leicht wie damals Ende der Neunziger würde es diesmal nicht werden mit der Wohnungssuche.

Ich trommelte also auf allen Kanälen, und tatsächlich hatte jemand einen Tipp für mich. Bei Bekannten im Haus stand schon seit Jahren eine Wohnung leer, da die Eigentümerin im Pflegeheim wohnte. Sie hatte immer gehofft, noch einmal nach Hause zurückkehren zu können und deshalb die Wohnung behalten. Nun war aber klar, dass daraus nichts wurde, und über die Nichte der Dame bekam ich tatsächlich einen Termin beim Hausverwalter, der mir die Wohnung zeigte.

Obwohl ich von meiner Bekannten genau wusste, dass die Wohnung offiziell gar nicht zu vermieten war und sich deshalb niemand außer mir dafür interessierte, machte der Hausverwalter einen auf wichtig. Er habe etliche Kandidaten an der Hand, die Auswahl sei nicht einfach und meine Chancen eher gering. Außerdem gehe das Ganze über Makler.

Aha, dachte ich völlig verdattert, wo hat er den denn jetzt hergezaubert?

Aus der eigenen Verwandtschaft, wie sich hinterher herausstellte. Der Verwalter, für Zubrot jeglicher Art offensichtlich sehr empfänglich, wollte aus der Situation Kapital schlagen und erhob kurzerhand seinen Cousin in den Berufsstand eines Immobilienmaklers.

Blöd für ihn, dass die Nichte der Dame davon ebenso wenig begeistert war wie ich. Die Wohnung bekam ich am Ende doch, trotz oder gerade wegen der nicht existierenden großen Konkurrenz.

Stefanie aus München

Kaffeegeschmack

Mitten in einem Abteilungsmeeting vibriert mein Handy. Als ich unterm Tisch heimlich aufs Display schiele, muss ich mich zusammenreißen, um nicht laut »Yeah!« zu schreien. Es ist der Makler von der Wohnung, die ich mir am Wochenende angeschaut habe. Direkt am See mit traumhaftem Blick aufs Wasser und einer riesengroßen Terrasse. Ich will sie unbedingt haben und habe deshalb gnadenlos mit dem Makler geflirtet.

Unter dem Vorwand, zur Toilette zu müssen, schleiche ich mich raus und rufe zurück.

Doch statt »Herzlichen Glückwunsch, Sie haben die Wohnung!«, sagt er Dinge, die ich überhaupt nicht hören will. »Es tut mir schrecklich leid, aber die Ver-

mieter haben sich für eine Familie mit Kindern entschieden. Bitte haben Sie Verständnis, dass ... «

Meine Gedanken schweifen ab, während mein Traum
zerplatzt, ich kämpfe mit meiner Enttäuschung und
höre gar nicht mehr zu. Erst bei seinem nächsten Satz
werde ich wieder wach.

»Darf ich Sie vielleicht mal auf einen Kaffee ein-
laden?«

»Nein, der schmeckt mir jetzt auch nicht mehr«, sage
ich und lege auf.

Birgit aus Brandenburg

Komische Frage

Ich stehe neben dem Makler in der Wohnung und kann
mich gar nicht auf die Räume konzentrieren, so sehr
faszinieren mich die knallgelb, königsblau und froschgrün gestrichenen Holztüren und Rahmen. Es sieht
scheußlich aus, und obendrein so, als wäre es leichter,
die Türen mitsamt den Rahmen komplett auszutau-
schen, als das Jamaika-Desaster zu entfernen.

»Was passiert mit den Türen?«, frage ich den Makler.

Der zuckt nicht mal mit der Wimper und antwortet:
»Mit denen passiert nix.« Damit wendet er sich dem
nächsten Interessenten zu, und ich bin draußen.

Kai aus Münster

Racheakt

Oh Mann, nicht schon wieder!, denke ich, als ich auf
das Mehrfamilienhaus in der Südstadt zugehe und die
Schlange vor der Haustür bemerke. Die leise Hoffnung, dass es bloß Zufall sein könnte und im Nachbarhaus auch eine Besichtigung stattfindet, zerfällt in ihre

Einzelteile, als ich die Hausnummer checke. Genervt stelle ich mich an und gucke auf die Uhr meines Handys. Kurz vor zwei.

Ich hatte für zwei Uhr extra einen Einzeltermin vereinbart, weil ich diese Sammelaktionen, bei denen man sich mit vierzig anderen Interessenten durch irgendwelche Wohnungen schiebt, so was von satthabe.

Als nach zehn Minuten immer noch nichts passiert, spreche ich das Paar vor mir an.

»Entschuldigung, aber sind Sie auch mit Herrn Schmitz verabredet? Warten Sie schon lange?«, frage ich und füge leicht genervt hinzu: »Mein Termin wäre nämlich um zwei gewesen.«

Die Frau lacht. »Unsrer um Viertel vor. Die Ersten warten hier schon über eine Stunde«, sagt sie. »Der Makler hatte wohl einen falschen Schlüssel dabei und ist noch mal weg. Wir haben ihn selbst noch gar nicht gesehen, das hat mir nur die Frau da vorne erzählt.«

»Ach so«, sage ich. Dann ist das hier wohl doch kein Sammeltermin – oder war zumindest nicht so geplant.

Ehe ich mich in meinen Unmut reinsteigern kann, biegen zwei Männer um die Ecke, einer in Anzug und Krawatte, einer in Jeans und Karohemd. Der Makler entschuldigt sich wortreich bei allen Wartenden, zieht triumphierend einen Schlüssel aus der Sakkotasche und hebt ihn hoch. Einige der Wartenden applaudieren, während sich die Schlange in den Hausflur schiebt.

Im ersten Stock angekommen, vergeht die gute Laune wieder. Ich stelle mich auf die Zehenspitzen und beobachte, wie dem Makler das Lachen aus dem Gesicht weicht, während er mit dem Schlüssel im Schloss herumstochert.

»Das gibt's doch nicht«, flucht er und reicht den Schlüssel seinem Begleiter. »Hier, versuchen Sie's mal.«

Der Vermieter hat auch nicht mehr Glück. Ratlos stehen die beiden da, als die ersten Leute anfangen rumzumosern. Einige andere geben auf und gehen.

Als eine von wenigen bleibe ich, bis der Schlüsseldienst eintrifft, und bekomme daher mit, was genau passiert ist. Der Vormieter war sauer, weil er die Kaution wegen diverser Schäden nicht komplett zurückbekommen sollte. Statt wie vereinbart nachzubessern und noch mal zu renovieren, ist er einfach abgehauen und hat davor noch das Schloss austauschen lassen. Zufällig bei dem gleichen Schlüsseldienst, der nun vor Ort ist, daher lässt sich die Sache überhaupt aufklären. Offenbar war dem Vormieter der Racheakt das Geld wert.

Elvira aus Köln

Zukunftsmusik

Bei einer Besichtigung blättert der Makler mit kritischem Blick in meiner Selbstauskunft und der Verdienstbescheinigung. Als selbstständige Musikerin mit wechselnden Engagements habe ich natürlich keine Lohnabrechnung vorzuweisen, sondern den letzten Einkommenssteuerbescheid kopiert.

»Hm«, sagt er gedehnt und mustert mich wie die Typen vom Flughafen-Sicherheitscheck vor der Einreise in die USA. »Wer sagt mir, ob Sie in den kommenden Jahren noch genug verdienen für diese Wohnung?«

»Der Weihnachtsmann vielleicht?«, wage ich einen Witz, der so gut ankommt, dass ich natürlich nichts mehr von ihm höre.

Ella aus Hamburg

Makler-Poesie

Schönfärberei, blumige Formulierungen, schwammige Bilder – als Makler muss man schon einiges mehr können, als nur Selbstauskunftsbögen einsammeln und Mietinteressenten gekonnt die Tür aufschließen. Zum Beispiel unter die Spruchbeutel gehen. Hier die schönsten lyrischen Ergüsse:

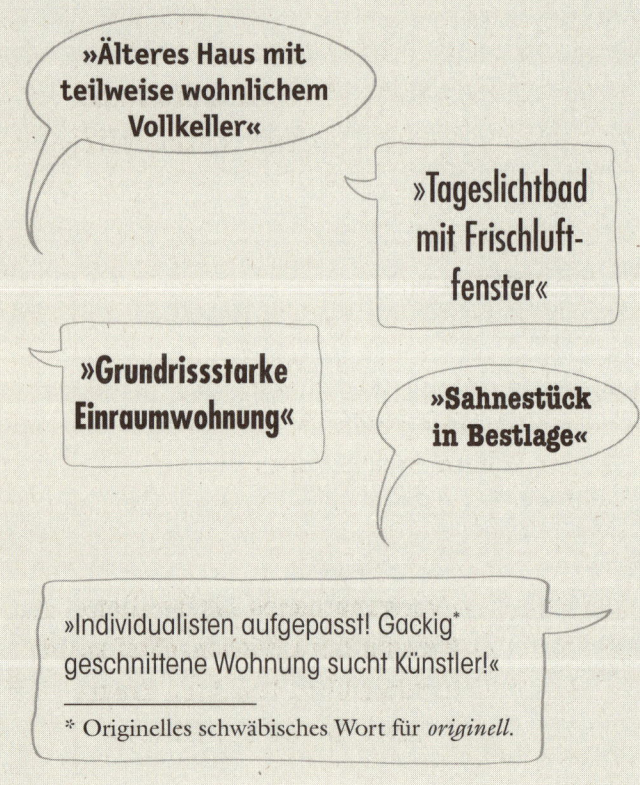

»Älteres Haus mit teilweise wohnlichem Vollkeller«

»Tageslichtbad mit Frischluft- fenster«

»Grundrissstarke Einraumwohnung«

»Sahnestück in Bestlage«

»Individualisten aufgepasst! Gackig* geschnittene Wohnung sucht Künstler!«

* Originelles schwäbisches Wort für *originell*.

»Herrliches
Souterrain-Refugium«

»Exklusive City-Komfort-
Designer-Residenz«

»Rohdiamant
zum Feinschliff«

»Raumwunder
in Reihen-
Eckwohnung«

»Baujahr 1969, mit beacht-
lichem Ausbaupotenzial«

»Verwunschenes Einfamilienhaus im Dornröschenschlaf sucht
handwerklich begabten Traum-
prinzen, der es wachküsst.«

Ein lohnender Einkauf

Und weiter ging die Suche nach unserer Gartenwohnung. Eines Tages entdeckte ich eine Anzeige im Immobilienportal, diesmal ohne Fotos. Nur der Grundriss und ein Bild vom Garten waren eingestellt. Spontan schrieb ich dem Maklerbüro eine E-Mail und gab Karinas Nummer an, weil ich tagsüber schlecht erreichbar bin. Allerdings vergaß ich in der Aufregung, Karina Bescheid zu sagen...

Als die Maklerin am nächsten Tag bei meiner Freundin anrief, die natürlich von nichts wusste, redeten die beiden erst mal aneinander vorbei. Es gab viel zu lachen und wurde ein supernettes langes Gespräch, an dessen Ende Karina einen Termin für den übernächsten Abend vereinbarte. Da keine Fotos im Internet waren, hatte sich außer uns kaum jemand gemeldet, daher war die Zahl der Bewerber diesmal sehr überschaubar.

Als wir zum Besichtigungstermin eintrafen, saß die Vormieterin gerade beim Abendessen und bot uns spontan ein Glas Wein an, um die Wartezeit auf die Maklerin, die sich eine Viertelstunde verspätete, zu überbrücken.

Da sagten wir natürlich nicht Nein, und so saßen wir gemütlich plaudernd zu dritt am Tisch, als die Frau vom Maklerbüro eintraf. Sofort stieg sie in die Unterhaltung ein und lehnte nicht ab, als die Vormieterin ihr ebenfalls ein Glas anbot.

Wir unterhielten uns bestens, und auf einmal war die Weinflasche leer. Da wir viel zu früh dran gewesen waren, hatten wir vor dem Termin im Supermarkt nebenan noch schnell eingekauft. Karina ging also ans Auto und holte noch zwei Flaschen Wein, die wir zu viert niedermachten.

Um kurz vor Mitternacht meinte die Vormieterin, dass sie am nächsten Morgen früh raus und die Runde daher leider auflösen müsse. Da fiel uns wieder ein, was wir beinahe vergessen hätten: die Wohnung zu besichtigen, was wir im Schnelldurchlauf nachholten.

»Dös mitter Wohnnungggg geht klar, Mädelsss«, lallte die Maklerin. »Issssch find euch sssso wasssss von lussssstig. Dassssss regle issssch für eusssssch.« Damit wankte sie aus der Wohnung und winkte uns fröhlich zu.

Tatsächlich rief sie schon am nächsten Tag an und gab uns den Termin zur Vertragsunterzeichnung mit den Vermietern durch.

Karina und Sylvia aus München

Wer (genau) lesen kann, ist klar im Vorteil

Ich bin mal auf einen ganz üblen Maklertrick reingefallen, und das alles nur, weil ich nicht genau hingesehen habe. Den Mietvertrag bekam ich nicht vom Vermieter, vielmehr lief alles über den Makler. Der ging mit mir in seinem Büro eine Ausfertigung des Vertrags in aller Ausführlichkeit durch. Alles war in bester Ordnung, und der Klausel, dass die Miete per Lastschriftverfahren und nicht mit Dauerauftrag beglichen werden sollte, stimmte ich nach der schlüssigen Erklärung des Maklers ohne Bedenken zu.

Abschließend legte er mir meine sowie die anderen beiden Ausfertigungen (eine für ihn und eine für den Vermieter) so hin, dass jeweils die letzte Seite aufgeschlagen war. Ohne auch nur darüber nachzudenken, unterschrieb ich alle drei Verträge und nahm meinen glücklich mit nach Hause.

Dann kam der Tag, an dem die erste Miete abgebucht wurde, und mich traf fast der Schlag, da es ganze zweihundert Euro mehr waren, als vertraglich vereinbart. Als ich mich daraufhin beim Vermieter beschwerte, schickte der mir eine Kopie seiner Ausfertigung, in der tatsächlich die höhere Summe vermerkt war. Daraufhin folgte eine unschöne Auseinandersetzung, wobei ich am Ende auf einen Rechtsstreit verzichtete, da ich den beiden Herren, die unter einer Decke steckten, den Betrug nicht nachweisen konnte.

Beim nächsten Mal werde ich sicher jede Zeile ganz genau lesen.

Günther aus Neustadt an der Weinstraße

Familienbande

Ich war gerade mit meiner Lehre als Gas- und Wasserinstallateur fertig und konnte es kaum erwarten, endlich mein erstes richtiges Gehalt als Geselle zu bekommen und zu Hause auszuziehen. Ich wollte nichts Großes, um die fünfzig Quadratmeter sollten es sein, nach Möglichkeit saniert und keine Platte. Gute Angebote gab's leider nur über Makler, also beschloss ich, die zweieinhalb Monatsmieten Provision in Kauf zu nehmen.

Einen Tag, bevor ich den Vertrag unterschreiben sollte, steckte mir ein Bekannter, dass die Maklerin die Ehefrau des Vermieters sei. Das hieß, sie durfte gar keine Provision verlangen. Ich bin dann hingegangen und hab ordentlich Rabatz gemacht. Wenn ich die Wohnung nicht bekommen hätte, wär's mir auch egal gewesen, aber die beiden hatten wohl Angst, dass ich sie anzeige, also habe ich nix bezahlen müssen. Dem

Kumpel bin ich jedenfalls heute noch dankbar und hab ihm gleich ein paar Bier für den Tipp ausgegeben.
Kevin aus Leipzig

Ein schöner Nebenverdienst

Auf der Suche nach einer Studentenbude entdeckte ich über einen Aushang am Schwarzen Brett in der Uni ein superschönes Zimmer in einer nett wirkenden Dreier-WG. Zum Glück musste ich keines von diesen affigen Castings absolvieren, es war echt ein tolles Gespräch, bei dem wir schnell feststellten, dass wir auf einer Wellenlänge waren. Wir unterhielten uns über unsere Lieblingsbands und das Taubertal-Festival und hörten gar nicht mehr auf zu quatschen. Für die beiden Mädels, die in der Wohnung bleiben wollten, stand nach den zwei Stunden bei Kaffee und Muffins fest: Die wollen wir haben. Und für mich galt dasselbe.

Der Schreck kam, als mich mein Vormieter anrief und meinte, dass ich ihm eine Art Provision schuldig sei.

»Wie meinst du denn das? Wieso Provision?«, fragte ich.

»Es ist immerhin mein Zimmer, in das du einziehen willst, also habe ich die Entscheidungsgewalt. Und wenn dir die Bude die dreihundert Euro extra nicht wert ist…«

»Wieso dreihundert Euro? Wofür denn bitte?« Ich stand immer noch auf dem Schlauch.

»Nenn es eine Entscheidungshilfe zu deinen Gunsten«, sagte er frech.

»Du spinnst wohl!«, rief ich ins Telefon.

Doch er meinte völlig gelassen: »Du kannst es dir ja bis morgen überlegen.«

Da ich das Zimmer unbedingt haben wollte, habe ich ihm das Geld bei der Schlüsselübergabe tatsächlich in die Hand gedrückt. Als ich hinterher den beiden Mädels davon erzählt habe, waren sie völlig entsetzt, meinten aber, der Typ wär sowieso ein Idiot gewesen. Bereut habe ich die dreihundert Euro trotzdem nicht, denn wir sind seit drei Jahren eine super Wohngemeinschaft, und ich hätte es mit meinen beiden Mitbewohnerinnen nicht besser treffen können.

Nora aus Erlangen

Two in one

Als ich bei der Unterzeichnung meines neuen Mietvertrags feststellte, dass Makler und Vermieter ein und dieselbe Person sind, fühlte ich mich an der Nase herumgeführt. Allerdings hatte ich vorab eine Vereinbarung unterzeichnet, nach der ich meine Provisionspflicht in jedem Fall anerkenne. Der Makler wollte sich auf keine Diskussion mit mir einlassen und berief sich auf das von mir unterschriebene Dokument.

Ich war stinksauer und zahlte mit knirschenden Zähnen die Provision, was ich bis heute bereue. Zumal ich Jahre später erfahren habe, dass ich gar nicht hätte zahlen müssen, aber damals habe ich mich einfach nicht richtig informiert.

Marc aus Frankfurt

Das wird teuer – Courtage und Kautionszahlungen

In der Großstadt eine Wohnung ohne Makler zu finden kommt der berüchtigten Suche nach der Stecknadel im Heuhaufen gleich. Manch einer ist vielleicht sogar der Meinung, der Makler bekomme sein Geld fürs Nichtstun oder zwischen Leistung und Bezahlung bestehe nicht der geringste Zusammenhang. Nichtsdestotrotz werden beim Mieten einer Wohnung gewisse Zahlungen fällig – was jedoch nicht heißt, dass ein Makler in jedem Fall eine Provision verlangen darf.

Hier das Wichtigste:

ERLAUBT

Wird dank seiner Vermittlungsarbeit ein Mietvertrag zwischen zwei Parteien geschlossen, erhält der Makler dafür eine Provision, auch Courtage genannt. Dazu muss er mit dem Mieter einen schriftlichen oder mündlichen Vertrag über den sogenannten Vermittlungsauftrag abschließen. Die Provision darf nicht mehr als zwei Nettokaltmieten plus Umsatzsteuer, also 2,38 Monatsmieten, betragen.

Gezahlt wurde die Provision bisher vom Mieter, auch wenn dieser in den allermeisten Fällen nicht der Auftraggeber ist. Seit 1. Juni 2015 gilt nicht nur das Gesetz zur Regelung von Mieterhöhungen, sondern auch das sogenannte Bestellerprinzip. Ab sofort zahlt also derjenige den Makler, der ihn auch beauftragt hat. Allerdings darf der Vermieter die Kosten dafür auf den Mietzins umlegen. Zu befürchten ist auch, dass viele Vermieter die Mietinteressenten beim Makler eine Vereinbarung unterzeichnen lassen, laut der sie diesen beauftragt haben.

Ein Hausverwalter, der nicht in einem besonderen »Näheverhältnis« zum Vermieter steht, darf ebenfalls eine Provision verlangen, sofern er nicht eine einzelne Wohnung vermittelt, sondern eine ganze Wohnanlage betreut.

VERBOTEN

Seinen Zeitaufwand für Wohnungsbesichtigungen, Anzeigenschaltung, Korrespondenz und Telefonate mit Mietinteressenten sowie seine Fahrtkosten darf der Makler nicht gesondert in Rechnung stellen. Das gilt auch dann, wenn ein Mieter ihn damit beauftragt hat, eine Wohnung für ihn zu suchen, sofern er dies nicht vorher schriftlich mit dem Klienten vereinbart hat.

Für die Vermittlung von Sozialwohnungen sowie preisgebundenen Wohnungen darf ebenfalls keine Courtage verlangt werden.

Der Vermieter kann nicht gleichzeitig als Makler agieren und hat daher bei der Vermietung seiner eigenen Wohnung keinen Anspruch auf eine Provision. Gleiches gilt für alle, die in einer engen Beziehung, also einem besonderen »Näheverhältnis« zum Vermieter stehen, also Ehefrauen, Kinder und andere Verwandte. Ausnahme: Weiß der Klient vorab von dem Verwandtschaftsverhältnis und lässt sich die Wohnung trotzdem vermitteln, gilt dies nicht.

Auch der Vormieter darf nicht zugleich als Makler auftreten und für die Vermittlung der Wohnung eine Gebühr verlangen. Das gilt ebenfalls für Hausverwalter, die in einem sogenannten »Näheverhältnis« zum Vermieter stehen.

Rechnet der Makler unberechtigterweise oder mehr als die erlaubte Provision ab, kann der Mieter diese bis zu drei Jahre nach Vertragsschluss von ihm zurückfordern.

Fantasieobjekt

In meiner Not habe ich mich vor Jahren bei der Wohnungssuche mal auf eine sogenannte Wohnungsvermittlungsagentur verlassen und bin prompt reingefallen. Die Lockangebote auf deren Homepage klangen fast zu schön, um wahr zu sein, und leider hat mich das dazu verleitet, einen Vertrag mit dieser unseriösen Agentur abzuschließen. Die Hoffnung, endlich eine bezahlbare Unterkunft in Hamburg zu finden, war größer als jede Vernunft.

Der Deal klang fair und vernünftig: Die Agentur verlangte eine Pauschale und lieferte dafür im Gegenzug zweimal wöchentlich eine Liste mit freien Wohnungen. Dass diese Listen vermutlich komplett erfunden waren und die darauf verzeichneten Angebote gar nicht existierten, darauf wäre ich niemals gekommen. Ich dachte eben immer, ich hätte mal wieder Pech gehabt, wenn mir die freundliche Dame am Telefon mitteilte, dass die Wohnung leider, leider schon vergeben sei.

Irgendwann wurde ich allerdings misstrauisch und musste feststellen, dass ich komplett an der Nase herumgeführt worden bin. Mein Geld war leider futsch, dafür war ich um eine Erfahrung reicher.

Gerd aus Hamburg

Nichtstun will gut bezahlt sein

Ich war gerade auf Wohnungssuche, als ich zufällig eine Bekannte beim Sport traf, die mir erzählte, dass sie ausziehen wolle. Sie hatte bisher noch nicht gekündigt und machte mir einen sehr netten Vorschlag: »Komm doch einfach morgen mal bei mir vorbei und schau dir die Wohnung an.«

»Ja, klar«, sagte ich begeistert. »Passt dir gleich nach der Arbeit, so um halb sieben?«

»Abgemacht. Wenn sie dir gefällt, schlage ich dich meiner Hausverwaltung als Nachmieterin vor. Die sind normalerweise total unkompliziert und froh, wenn sie sich um nichts kümmern müssen.«

Gesagt, getan. Die Wohnung gefiel mir, und die Hausverwaltung hatte nichts dagegen. Eine nette Dame am Telefon nahm meine Daten auf und sagte, sie würde mir den Mietvertrag in den nächsten Tagen zuschicken. Ich war megastolz, dass ich so unkompliziert an eine Wohnung gekommen war, und kündigte voller Euphorie meinen alten Mietvertrag.

Kurz darauf meldete sich bei mir ein Makler, der meine Telefonnummer von der Hausverwaltung bekommen hatte. »Sie schulden mir noch zweitausenddreihundert Euro Provision für meine Vermittlertätigkeit«, sagte er, nachdem er sich vorgestellt hatte.

Darauf ich völlig verdattert: »Wofür genau bitte?«

»Dafür, dass Sie die Wohnung bekommen und kein anderer«, sagte er völlig cool.

Ich dachte, ich höre nicht richtig! Mir war klar, dass ich gar nicht erst anfangen musste, mit ihm über die Definition des Wortes »Tätigkeit« zu diskutieren. Daher sagte ich nur: »Tut mir leid, das kann ich nicht zahlen.«

Er ließ sich nicht beirren. »Kommen Sie bitte bis morgen früh um neun in mein Büro und zahlen Sie den Betrag in bar. Oder wir vergeben die Wohnung anderweitig«, sagte er und nannte mir seine Adresse, ehe er mit einem knappen Gruß einfach auflegte.

Panisch rief ich bei der Hausverwaltung an, erreichte aber niemanden. Da saß ich nun und überlegte hin und her, was ich tun sollte. Die Wohnung war toll, die Miete okay – und ich hatte meinen Vertrag ja schon gekündigt. Damit war ich ganz schön in Zugzwang.

Schließlich lieh ich mir das Geld von Freunden und ging am nächsten Morgen in das Maklerbüro. Der von der Hausverwaltung vorbereitete Mietvertrag lag fertig da, ich brauchte ihn nur zu unterschreiben. Als der Makler mich herablassend angrinste, hätte ich ihm am liebsten eine gescheuert. Aber dann knallte ich doch die dreiundzwanzig Einhunderteuroscheine auf den Tisch und stürmte mit dem Vertrag in der Tasche und einer Riesenwut im Bauch aus dem Büro.

Karina aus München

Neue Regeln

Mein Herz schlug höher, als ich in die kleine, schnuckelige Wohnung im Philosophenweg kam. Wunderschön hell und sonnig, frisch abgeschliffenes Parkett, Sprossenfenster und eine moderne, wenn auch winzig kleine Küche. Das Bad war ebenfalls renoviert, und sogar eine Miniabstellkammer für Staubsauger und Bügelbrett gab es gleich neben der Eingangstür. Nur die Miete war mit sechshundertfünfzig Euro kalt für dreißig Quadratmeter alles andere als günstig, deshalb zögerte ich noch.

Der Makler pries die Vorzüge der Lage mitten in Jena-West und betonte, was für ein einmaliges Schnäppchen ich da machen könne. »Für den Spitzenpreis bekommen Sie nichts Vergleichbares«, meinte er.

Spitze war der Preis allemal. Allerdings in Bezug auf die Höhe.

Der Makler bemerkte mein Zögern und versuchte den Druck zu erhöhen. »Das Interesse ist immens, Sie haben ohnehin großes Glück, dass Sie einen Einzeltermin für die Besichtigung bekommen haben. Normalerweise machen wir das bei dem Andrang gar nicht.«

»Danke«, sagte ich nur.

Ich ging noch mal zurück in die Küche, in der nicht mal zwei extrem schlanke Menschen nebeneinander Platz gefunden hätten – von normalgewichtigen ganz zu schweigen. Sie war schon sehr klein, und der Herd hatte nur zwei Platten. Da ich gern und viel kochte, entsprach das nicht meinen Vorstellungen.

Nach einem genervten Blick auf die Uhr sagte der Makler: »Also, wenn Sie sich heute nicht für die Wohnung entscheiden, ist sie weg.«

»Oje«, erwiderte ich und sah ihn mit großen Augen an. »Kann man denn da gar nichts machen?«

Sein Gesicht verzog sich zu einem Grinsen. »Na ja, gegen eine Gebühr von dreihundert Euro kann ich

184

Ihnen die Wohnung bis nächsten Montag exklusiv reservieren«, sagte er und klang dabei so gnädig, als hätte er gerade seinen Monatslohn für arme Kinder in der Dritten Welt gespendet.

Mir blieb der Mund offen stehen. »Das gibt es doch nur bei Kauf und nicht bei Mietwohnungen?«, wagte ich nachzufragen.

Damit war's dann auch vorbei mit seiner aufgesetzten Freundlichkeit. »Nee, nee. Das ist neu. Das machen wir jetzt so, weil uns die Leute die Buden nur so aus der Hand reißen«, sagte er hörbar irritiert.

Darauf wollte ich mich dann doch nicht einlassen.

Sekretärin aus Jena

Mit allen Mitteln

Die Wohnung ist echt nett, zwei gleich große Zimmer, schöne hohe Decken, modernes Bad und eine neu ausgestattete Küche. Wäre toll, wenn ich die bekäme, denke ich und überlege mir, was ich zu der Maklerin sagen könnte, wenn ich ihr meine Selbstauskunft in die Hand drücke, damit ich ihr auch ja im Gedächtnis bleibe. Ich weiß, dass sie heute außer meiner noch drei weitere Gruppen mit je zehn Leuten abfertigt, das hatte sie mir am Telefon schon gesagt.

Während ich noch überlege, drängelt sich einer der Mitbewerber an mir vorbei. Mit einem Siegerlächeln stellt er sich vor die attraktive Blondine und wirft sich in Pose.

»Na, was muss ich tun, damit ich die Wohnung bekomme?«, fragt er, setzt seinen Ich-kann-sie-alle-haben-wenn-ich-will-Blick auf und kommt sich dabei vor wie ein ganz Großer.

Die Maklerin sieht ihm erst in die Augen. Dann wandert ihr Blick tiefer… und tiefer. Sie schaut wieder auf und sagt: »Vielleicht erst mal die Hose zu?«

Bea aus Schwäbisch-Hall

Bloß Krawall

Wir sind Zyperngriechen und betreiben seit über zehn Jahren ein Restaurant in Nürnberg. Als wir vorletzten Sommer auf Wohnungssuche waren, mussten wir uns viele kuriose Ausreden von Vermietern und Maklern anhören. Die meisten habe ich schon wieder vergessen, nur eine ist mir im Gedächtnis geblieben, weil sie ebenso bescheuert wie unverschämt war.

Als er erfuhr, woher wir stammen, sagte der Makler bei der Besichtigung doch glatt: »Ach so, Griechen aus Zypern sind Sie. Das ist ja blöd. Dann können Sie hier leider nicht einziehen. Wir haben Türken im Haus, das gibt bloß Krawall.«

Olga aus Nürnberg

Alleinerziehende Mutter gegen DINKS: no chance!

Dass ich es als alleinerziehende Mutter mit drei kleinen Söhnen bei der Wohnungssuche nicht leicht haben würde, war mir von Anfang an klar. Trotzdem wollte ich nicht in dem Reihenhaus wohnen bleiben, in dem wir zehn Jahre lang heile Welt gespielt hatten, obwohl unsere Ehe in die Notaufnahme gehört hätte.

Nach der Trennung stand für mich fest, dass ich mit meinen Jungs ausziehe. Finanziell war ich durch meinen Noch-Mann und einen Halbtagsjob abgesichert, daher ging ich davon aus, dass ich zumindest eine Chance haben würde. Wie dreist manche Immobilienmakler jedoch auswählen und wie schamlos sie dabei lügen, hätte ich mir in meinen kühnsten Träumen nicht vorgestellt.

Ich hatte mehrere Stunden an dem Dossier für das Maklerbüro herumgebastelt, das als Bewerbung für die zentral gelegene Vierzimmerwohnung in Düsseldorf-Unterbilk gefordert war. Man sollte nicht nur alle Personen kurz porträtieren, die in die Wohnung einziehen wollten, sondern auch Fragen beantworten wie »Warum sollten wir uns für Sie als Mieter entscheiden?«, »Warum möchten Sie ausgerechnet diese Wohnung mieten?« und »Was macht Sie als guten Mieter aus?«. Begeistert hatte ich mich an die Arbeit gemacht, denn Schreiben ist meine Stärke, und ich war mir sicher, uns sympathisch rüberbringen zu können. Ich sang ein Loblied auf den Grundriss und die Lage in meinem Lieblingsviertel, in dem unser Ältester bald eingeschult werden sollte. Zum Abschluss wählte ich noch ein schönes Foto von mir und meinen Jungs aus und schickte die Datei los.

Alle halbe Stunde checkte ich fortan meine Mails und wartete sehnsüchtig auf die Antwort. Die kam erst am nächsten Morgen, als ich mit meiner Kollegin gerade einen Kaffee in der Agenturküche trank. Mich traf fast der Schlag.

»Wir bedauern, dass wir derzeit keine Wohnung im Angebot haben, die Ihrem Anforderungsprofil entspricht«, las ich Katja die Mail des Maklers fassungslos vor und fügte hinzu: »Die spinnen, ich habe mich doch auf eine ganz konkrete Wohnung beworben. Die passt perfekt in mein Anforderungsprofil.« Ich verstand die Welt nicht mehr.

Katja dagegen verstand die Botschaft, die zwischen

den Zeilen stand, auf Anhieb. »Ist doch klar, die wollen keine Alleinerziehenden. Ich bin mir sicher, dass die Bude noch zu haben ist.«

Ich schüttelte den Kopf. »Das glaub ich jetzt nicht.«

»Wart's ab«, sagte sie nur und ließ mich völlig verdattert in der Küche stehen.

Meine Kollegin sollte tatsächlich recht behalten und präsentierte mir gegen Mittag den Beweis. Ich packte gerade zusammen, um meine Jungs von der Tagesmutter abzuholen, da kam sie in mein Büro.

»Hier.« Sie streckte mir eine ausgedruckte DIN-A4-Seite entgegen. »Lies selbst.«

Mit jeder Zeile wurde ich blasser. Meine Kollegin hatte sich auf dieselbe Wohnung beworben wie ich, zusammen mit ihrem Lebensgefährten, und in dem Dossier betont, dass sie als kinderlose Doppelverdiener die idealen Mieter seien. Prompt hatte sie eine Einladung zu einem Besichtigungstermin bekommen.

Damit war ich nicht nur meiner Hoffnung, sondern auch meines Glaubens an das Gute im Menschen beraubt. Zum Glück haben meine Jungs und ich nach vierzehn weiteren erfolglosen Versuchen unsere Traumwohnung gefunden. Sie liegt nur zwei Querstraßen von jener entfernt, die angeblich so gar nicht meinem Anforderungsprofil genügen wollte, ist vergleichbar ausgestattet, fast genauso groß – und einhundert Euro günstiger.

Annika aus Düsseldorf

Alles geht ... weg

München-Sendling: ein Einzimmerapartment mit Miniküche und uraltem Bad ohne Fenster, das ich in einer Zeitungsanzeige entdeckt hatte.

Warmmiete: saftige siebenhundertfünfzig Euro.

Die Wohnung war total runtergewohnt und dringend renovierungsbedürftig, außerdem blickte man aus dem Küchenfenster direkt auf eine Betonmauer, und es gab keine anständige Heizung, sondern nur einen Nachtstromspeicherofen, was die Stromkosten in astronomische Höhen treiben würde.

Schon beim Betreten war mir klar, dass die Bude nicht infrage kam, dennoch lief ich mit der Maklerin einmal durch alle Räume.

Bei der Verabschiedung sagte ich: »Also, ich nehme sie nicht, aber es wird sich bestimmt jemand finden.«

Darauf die Maklerin: »Davon können Sie ausgehen, schließlich sind wir hier in München.«

Karina aus München

Spontaneität ist alles

Als ich vor zwei Jahren auf Wohnungssuche war, blieb mir bei einem der Besichtigungstermine glatt die Luft weg, als ich den Fuß über die Schwelle setzte. Nicht etwa weil die schnuckelige Zweizimmerwohnung, die ich mir ansehen wollte, in Wahrheit noch schöner war als auf den Fotos im Internet, sondern weil *er* vor mir stand, ein Mann wie aus dem Bilderbuch.

Etwa zehn Jahre jünger als ich, groß, breitschultrig, attraktiv und mit einem Lächeln, das mich augenblicklich schwachmachte. Der Blitz musste bei ihm in derselben Sekunde eingeschlagen haben. Jedenfalls starrte er mich an wie vom Donner gerührt, als ich eintrat. Nachdem er den Interessenten vor mir eilig hinauskomplimentiert hatte, standen wir uns vor der Küchenzeile im offenen Wohnbereich gegenüber und sahen uns an.

Die Luft knisterte. Mir wurde heiß, als seine Unterlippe zuckte. Dann schwindelig.

Keiner sagte ein Wort.

Nur seine Augen in meinen. Und dann, wie aus dem Nichts, seine Lippen auf meinen. Seine Hände überall. Meine Hände in seiner Hose.

Es war spontan. Es ging schnell. Es war gut. Richtig gut.

Als es klingelte, weil schon der nächste Bewerber unten vor der Tür stand, grinste er nur schief und drückte auf den Summer.

»Willst du die Wohnung haben?«, fragte er.

»Klar«, sagte ich.

Mit einem frechen Grinsen drückte ich ihm meine Selbstauskunft in die Hand und ging.

Seither muss ich jedes Mal, wenn ich in der Küche stehe, an den besten Spontansex meines Lebens denken.

Melanie aus Köln

Fragen will gelernt sein

Bei der Besichtigung einer Dreizimmerwohnung in Frankfurt-Sachsenhausen nahm ich an einem der üblichen Sammelterminen teil. An der Tür stand eine Kaugummi kauende Studentin, die jedem Interessenten wortlos eine Selbstauskunft in die Hand drückte, während sie hektisch auf ihrem Handy herumwischte. Fragen zur Wohnung könne sie nicht beantworten, erklärte sie dem Typen vor mir und sah dabei nicht mal von ihrem Telefon auf. Sie mache hier bloß einen Aushilfsjob und solle die Zettel verteilen.

Gemeinsam mit gefühlt fünfzig anderen Leuten

schob ich mich durch die bereits halb leer geräumte Wohnung, in der noch etliche Kisten und abgeschlagene Möbel standen. In die Küche konnte ich nur einen kurzen Blick werfen, ins Bad kam ich gar nicht erst rein. Ich konnte nicht erkennen, ob der Boiler im Bad über Strom oder Gas lief, daher steuerte ich auf den Makler zu, der mitten im Wohnzimmer stand und geschäftig in sein Smartphone sprach.

Ich wartete, bis er endlich auflegte, und sprach ihn wegen des Boilers an.

»Mein liebes Frolleinchen«, sagte er herablassend, »Sie sehen doch selbst, was hier los ist. Wir haben für diese Wohnung über dreihundert Anfragen bekommen und heute schon an die zweihundert Leute hier durchgeschleust. Wenn ich da jede Frage beantworten wollte, würde ich ja gar nicht mehr fertig.«

»Aber…«, versuchte ich zu protestieren.

»Nix aber. Entweder Sie geben die Selbstauskunft ab und wollen die Wohnung haben. Oder nicht.« Dabei bedachte er mich mit einem Blick, als wolle er sagen: »Solche Interessenten wie Sie haben mir gerade noch gefehlt!«

Natürlich habe ich die Selbstauskunft nicht abgegeben. Aber es waren ja genügend andere Deppen da.

Bankangestellte aus Frankfurt am Main

Yusuf ist nicht gleich Josef

Ja, ich hätte die Wohnung bekommen. Da bin ich mir ganz sicher. Wenn ich tatsächlich Josef heißen würde – und nicht Yusuf. Aber am Ende hat mir der falsche Name nichts gebracht, außer vielleicht die Erkenntnis, dass es bei der Wohnungssuche in Hamburg hilfreich ist, einen deutsch oder wenigstens europäisch klingenden Namen zu haben.

Ich hatte schon etliche Wohnungen besichtigt, und bisher war entweder nicht das Richtige dabei, oder die Konkurrenz war zu groß, oder ich war zu spät gewesen. Dann kam mir der Zufall zu Hilfe. Die Wohnung klang perfekt, und das Beste: Das Maklerbüro hatte sie genau in der Sekunde online gestellt, als ich mein Profil auf dem Immobilienportal öffnete. Sofort klickte ich auf »Anbieter kontaktieren« und schrieb eine Mail.

Ich hatte ein verdammt gutes Gefühl und dachte: Das ist eindeutig ein Zeichen, diesmal muss es einfach klappen.

Von wegen. Keine Minute, nachdem ich meine Anfrage losgeschickt hatte, bekam ich eine Antwort-Mail vom Makler. Siegessicher öffnete ich sie – und mich traf der Schlag, als ich las: »Wir bedauern sehr, aber die Wohnung ist bereits vergeben.«

Das gibt's doch nicht, sagte ich mir. Nach zwei Minuten? Wie konnte das sein? Dann wurde mir klar: Es musste an meinem Namen liegen. Spontan legte ich mir ein neues Profil auf dem Immobilienportal an und schickte unter dem Namen Josef Maier eine weitere E-Mail an die angegebene Adresse.

Wieder musste ich nicht lange warten, und diesmal klang die Antwort ganz anders. »Wir freuen uns sehr über Ihr Interesse und können Ihnen am 17. Juni um 15.30 Uhr einen Besichtigungstermin anbieten«, lautete der Text. »Bitte bringen Sie eine Verdienstbescheinigung über die letzten drei Gehälter sowie die anhängende Selbstauskunft ausgefüllt zu dem Termin mit. Wir freuen uns darauf, Sie persönlich kennenzulernen.«

Erst überlegte ich noch, zu dem Termin hinzugehen und den Leuten die Meinung zu geigen, aber dann entschied ich mich dagegen und tat einfach nichts. Was hätte es mir schon gebracht? Die Wohnung ganz sicher nicht.

Yusuf aus Hamburg

Schönen Urlaub noch

Als ich im Internet per Zufall eine supertolle Wohnung in Bogenhausen entdeckte, rief ich direkt in dem Maklerbüro an, das die Anzeige eingestellt hatte. Die Dame am Telefon war sehr nett und meinte, ich könne gleich am nächsten Tag vorbeikommen, wenn ich wolle. Wir einigten uns auf 13.00 Uhr, da konnte ich in der Mittagspause schnell aus dem Büro mit der Bahn rüberfahren. Den Selbstauskunftsbogen wollte sie mir gleich im Anschluss zumailen.

»Wie viele Interessenten sind denn noch so dran an dem Objekt?«, fragte ich möglichst gelassen, obwohl sich mein Puls vor Aufregung überschlug.

»Einige, wir haben für die nächsten Tage bereits mehrere Termine ausgemacht«, meinte die freundliche Mitarbeiterin. »Aber wenn Sie mir den ausgefüllten Bogen und Ihre Unterlagen heute noch zuschicken, sieht es gut aus.«

Zum Glück hatte ich eine aktuelle Verdienstbescheinigung auf meinem PC gespeichert. Ich machte sofort alles fertig und fuhr am nächsten Tag voller Vorfreude zu der angegebenen Adresse. In der Wohnung warteten die Dame vom Telefon und die Vormieterin auf mich und zeigten mir alles. Ich war begeistert und wollte die Wohnung unbedingt haben.

Noch am selben Abend rief mich ein Makler an, angeblich der Ehemann der Maklerin, der mir sagte, die Wahl wäre auf mich gefallen. Ich müsse nur am nächsten Tag bei ihnen im Büro vorbeikommen und die Kaution von dreitausend Euro in bar bezahlen. Das sei so üblich.

»Aber Ihre Frau hat doch gesagt, dass Sie noch mehrere Besichtigungstermine in den nächsten Tagen haben«, wandte ich ein, denn ich war sofort misstrauisch geworden.

»Alles kein Problem«, sagte er völlig gelassen. »Bringen Sie das Geld mit, und die Wohnung gehört Ihnen.«

Die Sache war mir irgendwie nicht geheuer, daher rief ich am nächsten Morgen erst mal beim Vermieter an, einer großen Versicherung, und fragte, ob in Bogenhausen überhaupt eine Wohnung zu vermieten sei. Schließlich hätten die Maklerin und die Frau auch zwei Freundinnen sein können, die mich nur abzocken wollten.

Der Herr am Telefon war sehr nett und bejahte die Frage. Als ich ihm die Sachlage schilderte, war er jedoch äußerst erstaunt.

»Der Makler kann das auf keinen Fall im Alleingang entscheiden«, erklärte er mir. »Der Mann trifft nur die Vorauswahl für uns, den Mieter suchen wir schon selbst aus.«

Er versprach mir, die Sache zu klären und sich wieder bei mir zu melden.

Total entmutigt legte ich auf und dachte: Mist, jetzt bin ich bestimmt draußen, weil ich den Makler angeschwärzt habe.

Am nächsten Tag kam dann tatsächlich der versprochene Rückruf.

»Alles in Ordnung«, meinte der Herr von der Versicherung. »Der Makler hat Ihre Unterlagen inzwischen eingereicht. Es geht alles mit rechten Dingen zu. Sie bekommen die Wohnung und können bei ihm im Büro die Courtage und die Kaution bezahlen.«

»Und der Mietvertrag?«, fragte ich.

»Der liegt dort bereits unterschrieben für Sie.«

»Das ist ja super! Vielen herzlichen Dank«, sagte ich und verabschiedete mich.

Darauf der Herr von der Versicherung: »Ihnen auch alles Gute. Und schönen Urlaub.«

»Äh, wieso Urlaub?«

Der Herr von der Versicherung lachte. »Na, der Makler hat mir gesagt, es müsse alles ganz schnell gehen, weil Sie am Freitag für drei Wochen in Urlaub fahren. Wir haben daher die anderen Besichtigungstermine abgesagt.«

»Ach so«, sagte ich nur und legte auf.

Sieh mal einer an, mit welchen Methoden man sich heutzutage Arbeit spart, dachte ich, freute mich aber trotzdem, dass ich meine Traumwohnung bekommen hatte.

Karla aus München

Bitte nicht drängeln

Schönstes Eppendorf: Gemeinsam mit gut siebzig anderen Leuten blockiere ich den Bürgersteig vor einem traumhaft schönen Jugendstil-Altbau und warte auf den Makler. Mit gut zwanzig Minuten Verspätung rauscht er in seinem SUV an, parkt direkt vor der Tür im Halteverbot und sagt mit genervtem Blick: »Bitte

nur in Zehnergruppen, und sehen Sie von Fragen ab.
Die Wohnung ist zu vermieten wie gesehen.«

Daraufhin habe ich mir den Weg in den dritten Stock
gespart und bin gleich wieder gegangen.

Annett aus Hamburg

MONTAG, 29. JULI – TAG 149

Status quo

Wunsch: *Ich will ein Dach über dem Kopf. Drei Zimmer wären immer noch toller als zwei, aber man nimmt, was man kriegen kann. Alles andere ist verhandelbar. Warmwasser wäre toll. Und 'ne Heizung… wenn's nichts ausmacht.*

Budget: *1400 € Kaltmiete (komplettes Harakiri)*
Angerufene Makler: *35*   **Erhaltene Absagen:** *32*
Neue Angebote per Mail: *0*   **Besichtigungen:** *106*
Grad der Verzweiflung:
11 von 10   **Euphorie:** *-200*

Sie. Passen. Nicht. Ins. Portfolio.

Ich versteh's nicht. Ich versteh's nicht. Ich versteh's einfach nicht! Hallo, ihr Wohnungsbesitzer, wo ist das Problem? Was wollt ihr denn noch?

Mein Job ist so sicher und gut, dass jeder privatversicherte, privilegiengepamperte Beamte neidisch werden könnte. Ich verdiene so viel, dass ich mir trotz achtzehnhundert Euro Warmmiete noch genügend Schuhe kaufen kann. Ich habe keinen Migrationshintergrund, spreche aber trotzdem fließend Spanisch,

Italienisch und Englisch. Ich bin so ordentlich, dass es selbst meiner Mutter unheimlich ist – nur für den Fall, dass ihr Angst vor Messies habt. Mietnomaden haben wir übrigens auch keine in der engeren Verwandtschaft – gut, es soll da mal eine Cousine fünften Grades gegeben haben, aber das gehört hier echt nicht her. Exotische, giftige oder potenziell den Hausfrieden gefährdende Haustiere kommen mir nicht über die Türschwelle.

Nur meine zwei süßen Möpse... Aber die tun keinem was! Sie haaren nicht. Pinkeln nicht ins Treppenhaus. Können nicht mal bellen, weil sie dafür vorher tief Luft holen müssten. Keine Sorge, daran wird sich auch nichts ändern: Eine Brachycephalie-OP kommt für uns nicht infrage.

Aber zurück zum Thema. Inzwischen habe ich über hundert Besichtigungen hinter mir. Ich habe mir die Füße mit hundert anderen Interessenten im Treppenhaus plattgestanden. Ich habe mir schimmelige Badezimmer mit dem Satz »Ach, das verfliegt bald wieder!« anpreisen lassen. Ich habe sämtliche Laternenpfosten in der bayerischen Landeshauptstadt mit Wohnungsgesuchen tapeziert. Ich habe so vielen Maklern meine Geschichte erzählt, dass ich sie im Schlaf auswendig herunterbeten kann. Ich habe dank meiner Anzeige so viel Erfahrung mit sexueller Belästigung, dass ich in der Fortsetzung von Fifty Shades of Grey für Dakota Johnson einspringen könnte – und zwar ohne Umweg über die Besetzungscouch. Ich habe siebenundachtzig (oder waren es siebenundachtzig hoch zwei?) Bestellungen beim Universum abgegeben – offenbar bin ich aus der Übung. Ich habe

schon bald keine Freunde mehr, weil ich mich am
Telefon nur noch mit »Rufst du an, weil du eine
Wohnung für uns hast?« melde. Ich würde sogar
eine Küche aus Vorkriegsjahren akzeptieren, sie im
Schweiße meines Angesichts abschlagen und auf
eigene Rechnung eine neue einbauen lassen. Die
ich dem Vermieter beim Auszug selbstverständlich
kostenfrei überlassen würde. Ich würde einen Kredit
aufnehmen, um den Makler angemessen bestechen
zu können. Ich habe mich weitergebildet als Parkett-
legendeanstreichklempnerelektroinstallateurschnee-
schipphausmeisterin. Ich brauche keinen Parkplatz
vor der Tür, auch nicht in einem Umkreis von fünf Kilo-
metern um die Wohnung, denn mein Auto schläft bei
mir und meinen Möpsen im Bett.

Wieso gebt ihr mir keine Wohnung?

Wieso zieht ihr immer wen anders vor?

Mensch, Leute, ich würde sogar in eine nicht iso-
lierte Erdgeschosswohnung mit fünf Meter hohen
Decken, einfachverglasten Fenstern und Nachtstrom-
speicherofen am Luise-Kiesselbach-Platz für 1300 Euro
kalt ziehen.

Obwohl… Das dann doch nicht.

Jedenfalls bin ich allmählich am Ende. Mit meinen
Nerven. Mit meinen Ideen. Mit meiner Geduld. Mit
allem.

MEIN KÜHLSCHRANKFACH, DEIN KÜHLSCHRANKFACH

Was Mitbewohner so für Ideen haben

Der Nacktschläfer

Nervös stehe ich vor der Wohnungstür und warte. Ich habe nun schon zweimal geklingelt, und nichts tut sich. Dabei bin ich mir ganz sicher, dass der Besichtigungstermin für das Zimmer in der Zweier-WG heute ist. Noch einmal drücke ich auf die Klingel, diesmal doppelt so lange wie vorher.

Die Tür wird aufgerissen, vor mir steht ein Typ – er trägt nichts als eine Unterhose. Sein Bauch hängt über den Feinrippbund.

»Hi«, sagt er und grinst mich schmierig an. »Du kommst wegen der Wohnung?«

Ich nicke.

Er tritt zur Seite und lässt mich herein. Im Flur hängen überall Poster, auf denen sich Playboy-Häschen und Pin-ups räkeln. Als mein Blick daran hängenbleibt, grinst er wieder.

»Von dir können wir hier ruhig auch solche Bilder aufhängen«, sagt er, und ich halte die Luft an.

Keine Antwort ist auch eine Antwort, denke ich und

gehe einfach weiter. Küche und Bad sind in einigermaßen gutem Zustand, aber die beiden Schlafräume sind nicht nur unterschiedlich groß, das eine ist auch ein Durchgangszimmer.

»Das hier ist meins«, sagt er, als wir in dem hinteren Zimmer stehen. »Du kannst das größere haben, das hat über sechs Quadratmeter mehr, und trotzdem musst du nur die halbe Miete zahlen. Das ist doch fair, oder?«

»Hm-hm«, sage ich, während ich überlege, wo da wohl der Haken ist. Mal abgesehen von der Tatsache, dass der Typ vermutlich sechzigmal am Tag durch mein Zimmer latschen würde. Die Antwort auf meine Frage lässt nicht lange auf sich warten.

»Na ja«, erklärt er weiter, »mein Kleiderschrank passt hier leider nicht rein, der steht deshalb in deinem Zimmer. Aber das ist doch hoffentlich kein Problem, oder? Da ist noch genug Platz für deine Möbel. Oder hast du so viel Zeug?«

Ich zögere. »Nee ... habe ich nicht.«

Als er merkt, dass sich meine Begeisterung in Grenzen hält, bemüht er sich um Schadensbegrenzung. »Ich komme auch morgens nicht vor neun rein, ich bin nämlich Langschläfer«, fügt er hinzu, als wäre dies das einzige Problem.

»Ehrlich gesagt, fände ich das auch nach neun nicht so toll«, erwidere ich.

Er ist irritiert. »Wieso? Bisher hat das noch keinen gestört.«

Na, dann bin ich eben die Erste, denke ich und beschließe in diesem Moment, dass er hier ohne mich weiterwohnen darf.

Ich will mich gerade zum Gehen wenden, da holt er das endgültige Totschlagargument aus dem Sack.

Wieder dieses eklige Grinsen, dann: »Ich hoffe, es stört dich nicht, dass ich im Sommer nackt und ohne Bettdecke schlafe? Dann hast du wenigstens beim Frühstück was zu gucken. Meine Morgenlatte kann sich echt sehen lassen.«

»Danke, mir ist schon schlecht«, sage ich und gehe.

Isabel aus Würzburg

Unverhofft kommt oft

Eine Wohnung im Schanzenviertel ohne Makler – ich war begeistert und fest entschlossen, sie zu nehmen, sollte bei der Besichtigung kein ganz schlimmer Hammer auf mich warten. Eine Freundin hatte mir über drei Ecken die Nummer einer Nachbarin besorgt, die wusste, dass das Paar ausziehen wollte. Da ich mich schnell meldete, hatte ich Glück und bekam sofort einen Termin. Die Ausstattung war kein Knaller, aber okay, und der Preis war relativ fair.

Dass die Vormieter die ganze Zeit schlecht über den Vermieter redeten, während sie mich durch die Wohnung führten, störte mich nicht weiter. Ich glaube grundsätzlich an das Gute im Menschen und wollte mir meine eigene Meinung bilden.

»Der Typ ist ein echter Hai, der nur abzocken will«, warnten sie mich. »Pass bloß auf und lass den Mietvertrag vorher von einem Juristen prüfen!«

»Danke für den Tipp«, sagte ich daher nur, ohne weiter nachzufragen, und entschied mich trotzdem für die Wohnung.

Der Mietvertrag war einer der üblichen Vordrucke

ohne Besonderheiten, und den Vermieter fand ich auf den ersten Blick sogar ganz nett. Also unterschrieb ich den Vertrag und konnte schon drei Wochen später einziehen.

Als ich nach der Schlüsselübergabe ins Bad kam, schrie ich laut auf. Es war nämlich schlicht nicht mehr vorhanden. Die Duschkabine war abmontiert, statt des Waschbeckens ragten die blanken Anschlüsse für Warm- und Kaltwasser aus der Wand, der Spiegel fehlte, und selbst die Toilettenschüssel war entfernt worden. Nachdem ich das Desaster minutenlang fassungslos betrachtet hatte, rief ich den Vermieter an, der sofort vorbeikam.

Es stellte sich heraus, dass er den Vormietern bei der Wohnungsübergabe die Kaution nicht ganz hatte zurückgeben wollen, weil sie zwei Türen und einen Schrank in der Küche kaputtgemacht hatten. Sie hatten sich daraufhin unter lautem Geschrei getrennt.

Offenbar hatten die Vormieter so etwas geahnt und daher vorab heimlich noch einen Schlüssel nachmachen lassen. Nach der gemeinsamen letzten Begehung waren sie dann noch mal in die Wohnung gegangen, um das Bad zu zerstören, sozusagen als »Gegenleistung« für die einbehaltene Kaution.

Der Vermieter versuchte das Paar ausfindig zu machen und erstattete sogar Anzeige, aber die beiden waren wie vom Erdboden verschluckt. Er beauftragte umgehend die Handwerker mit dem Einbau eines neuen Bads, schlug selbst eine Mietkürzung vor und schenkte mir außerdem eine Zehnerkarte fürs benachbarte Schwimmbad, damit ich dort für die Zeit der Renovierung duschen konnte.

Lydia aus Hamburg

Wohnungssuche all'italiana

Ah, dolce vita in bella Italia, dachte ich mir, als ich vor einigen Jahren voller Enthusiasmus als Erasmusstudentin nach Mailand ging und mich völlig naiv auf Wohnungssuche begab.

Was mir da alles für vier- bis fünfhundert Euro als Studentenzimmer angedreht wurde, spottet jeder Beschreibung – solche Löcher würden hierzulande nicht mal als Hundehütten durchgehen. Der Wohnungsmarkt in den italienischen Großstädten war damals schon ähnlich angespannt wie heute in München und Co. und ist es heute immer noch. Mal davon abgesehen, dass die meisten Leute in Italien ohnehin in Eigentumswohnungen leben und es entsprechend wenige Mietangebote gibt, haben viele Italiener Probleme, die völlig überzogenen Mieten aufzubringen, weshalb sie auf Teufel komm raus versuchen, irgendwie noch eine Person mehr in ihren vier Wänden unterzubringen. Am liebsten ist ihnen natürlich, wenn man am Wochenende nicht da ist, damit sie wenigstens ein bisschen Privatsphäre haben.

Nicht selten bieten die Leute sogar ihre Speise- oder Rumpelkammern zur Untermiete an, die man sich dann mit selbst eingemachten Gläsern Pesto und Sugo oder Staubsauger und Bügelbrett teilen darf. Oder sie werden anderweitig kreativ und trennen von ihrem Wohnzimmer ganze dreieinhalb Quadratmeter mit einem Paravent oder einer stümperhaft eingezogenen Plastikwand mit Schiebetür ab, hinter der man dann zusehen kann, wie man neben dem Bett auch noch seine persönlichen Sachen unterbringt.

Ich entschied mich schließlich, bei einer Künstlerfamilie einzuziehen, deren Wohnung bis zur Decke mit

Antiquitäten vollgestellt, um nicht zu sagen vollgemüllt war. Überall lagen orientalische Kissen herum, gefühlte tausend Statuen und andere Objekte besetzten jeden Zentimeter des ohnehin schon knappen Raums. Aber die Leute waren mir sehr sympathisch, und die Wohnung lag superzentral.

Was soll ich sagen? Ganze drei Nächte hielt ich es aus, bis zum ersten Wochenende. Die nette Familie hatte mir nämlich etwas Wesentliches verschwiegen: Die Wohnung lag direkt über einer der angesagtesten Discos der Stadt. Nachdem weder Ohropax noch Alkohol oder Tabletten gegen die wummernden Bässe halfen, beschloss ich, dass ich es mir auf Dauer nicht leisten konnte, auf meinen Schönheitsschlaf zu verzichten – und machte mich erneut auf die Suche.

Die nette Künstlerfamilie fand mich vermutlich extrem deutsch und spießig. Zum Auszug sagten sie nur: »Aber das ist doch was Tolles! Wer kann das schon von sich behaupten, über einer In-Disco zu wohnen?«
Kathrin aus Stelle

Glaubensfrage

»Hildmann oder Veganista?«, fragt mich die Braunhaarige.

Ich glaube, sie heißt Anna-Lena, aber da kann sie ja nix für.

»Alfons Schubeck samt seinem Schweinsbraten«, würde ich am liebsten antworten. Natürlich nur zum Spaß. Das würde wenigstens ein bisschen Pfeffer in die Befragung hier bringen, bei der mir allmählich die Füße einschlafen. Aber das Zimmer könnte ich mir damit sicher abschminken.

»Dann lieber Hildmann«, sage ich brav und versuche möglichst überzeugend und ernsthaft interessiert zu klingen.

Glatter Fehlschuss.

»Was heißt hier ›dann lieber‹? Bist du etwa doch kein überzeugter Veggie?«

Greta, mit der ich telefoniert und der ich meine Teilnahme an diesem wirklich einzigartigen, weil einzigartig dämlichen WG-Casting zu verdanken habe, mustert mich mit hochgezogenen Augenbrauen.

»Doch, doch«, versichere ich.

Vermutlich etwas zu lahm, aber nach zweieinhalb Stunden Dauerbefragung geht mir allmählich echt die Luft aus. Außerdem muss ich mal dringend wohin.

»Wo ist'n hier das Klo?«, frage ich und erhebe mich von dem Küchenstuhl. Selbstverständlich werde ich im Sitzen pinkeln.

»Aber nicht im Stehen, gell?«, ruft Anna-Lena mir prompt hinterher, nachdem sie mir den Weg gewiesen hat.

»Echt? Ich wollte eigentlich Graffiti an die Badfliesen sprühen«, sage ich so leise, dass die beiden es nicht hören können.

Aber die Mädels sind ohnehin beschäftigt, denn ich höre sie aufgeregt tuscheln. Wahrscheinlich überlegen sie gerade, wo sie meinen Namen auf ihrer perfekt ausgearbeiteten Liste hinschreiben sollen. Gleich auf die rechte Seite zu den No-Gos? Oder doch eher in die Mitte zu den Recall-Anwärtern, falls die linke Spalte für die Traumkandidaten wider Erwarten leer bleibt? Dass mein Name dort nicht auftaucht, ist so klar wie die Fensterscheiben bei meiner Mutter.

Ob ich das will, ist die andere Frage. Das freie Zimmer ist riesengroß und cool eingerichtet mit allem, was Mann so braucht: Riesenfernseher, großes Bett... Ja. Und leisten könnte ich es mir auch für das halbe Jahr, das ich hier als Werkstudent bei Siemens verbringe.

Nur die beiden strangen Girls... Keine Ahnung, was ich mir dabei gedacht habe, auf die Anzeige zu antworten. Ich wusste ja, was mich erwartet: »Sechzehn Quadratmeter in kochbegeisterter Veganista-WG ab 01. April für sechs Monate zu vergeben«, hieß der Eintrag auf dem WG-Suchportal. Dazu ein Text, von dem ich die Hälfte nicht verstanden habe. Aber egal. Gemeldet habe ich mich darauf nur, weil ich dachte, bei zwei Kochbegeisterten kriege ich immer was zu essen. Obwohl, eigentlich war's wegen des Fotos von Greta. Und hingegangen bin ich wegen ihres süßen Lachens am Telefon. Ich dachte, beides macht dieses vegane Getue wett. Na ja, zu viel denken ist bekanntlich nicht gesund. Vermutlich noch weniger als veganes Essen. Das hier ist jedenfalls nichts für mich, das kann sich gern ein anderer geben.

Als ich nach drei Minuten zurück in die Küche kommen, fahren sie auseinander und starren mich an, als hätte ich sie dabei erwischt, wie sie sich über meinen Knackarsch oder die Zwanzig-Zentimeter-Frage unterhalten.

Bevor irgendjemand (vermutlich ich) etwas Dummes von sich geben kann, sage ich schnell: »Danke, Mädels, ich geh dann mal. Ich glaub, ich bin nicht der Richtige für eure WG. Viel Glück noch bei der Suche.«

Ich blicke in ein erleichtertes und ein enttäuschtes Gesicht. Leider gehört das erleichterte zu Greta.

Sven aus Berlin

Hecke gegen Miete

Für mich wäre das ehrlich gesagt nichts, weil ich meinen Freiraum brauche und froh bin, endlich von zu Hause rauszukommen und meine eigene Bude zu haben – da werde ich mich nicht gleich wieder von jemandem abhängig machen. Aber ein Kumpel von mir ist superzufrieden mit seinem Hecke-gegen-Miete-Deal, den er mit einem pensionierten Lokführer gemacht hat.

Der Mann lebt seit dem Tod seiner Frau vor acht Jahren allein in einem viel zu großen Haus und kommt nach einem Schlaganfall nicht mehr mit dem Garten und der Hausarbeit klar. Fürs Altenheim fühlt er sich mit seinen siebenundsechzig Jahren zu fit, und die Gärtner, die er hat kommen lassen, haben alle immer nur Murks veranstaltet, daher hat er irgendwann eine Anzeige aufgegeben und so meinen Kumpel gefunden.

Der schneidet seinem Vermieter jetzt die Hecke, repariert den Gartenzaun, geht einkaufen und fährt ihn zweimal die Woche zum Arzt. Dafür hat er im Dachgeschoss des Einfamilienhauses eine supercoole Wohnung, für die er nicht mal Miete zahlen muss. Nur für Strom, Telefon und Heizung ist eine kleine Pauschale fällig.

Mir wäre das zu eng, und ich hätte Hemmungen, nachts besoffen heimzukommen – aber mein Kumpel fühlt sich wohl.

Kristian aus Heidelberg

Schweigen im Wohnzimmer

Das Seltsamste, was ich bei meiner Suche nach einem WG-Zimmer je erlebt habe, war ein Besichtigungstermin mit zwei Physikern, die mich eine gefühlte Stunde lang

anschwiegen, statt mit mir das übliche Casting zu veranstalten und mich bis auf die Unterhose auszufragen.

Wir saßen zu dritt in der Küche um einen runden
Tisch und guckten uns an. Minutenlang. Die Stille war
mir schrecklich unangenehm, also fing ich an zu reden
wie ein Wasserfall, ohne dass mir die beiden auch nur
eine Frage gestellt hätten. Lieblingsbands, Lieblings-
essen, Lieblingsfußballverein, Lieblingsbiersorte, Lieb-
lingsklopapiermarke… Ich habe wirklich alles gegeben – keine Reaktion. Irgendwann fiel mir auch nichts
mehr ein. Ich konnte die beiden ja schlecht nach ihrem
Fußpilz fragen. Oder etwa doch?

Habe ich mich vielleicht vertan?, fragte ich mich.
Wenn ich mich recht erinnerte, hatte in der Anzeige
was von »netter Gemeinschaft« und »gemeinsamen
Aktivitäten« gestanden. Ich wollte mir lieber nicht ausmalen, wie die abliefen.

Als ich die Tür der Wohnung hinter mir zuzog, fühlte
ich mich fünf Kilo leichter. Umso erstaunter war ich,
als mich einer der beiden am nächsten Tag anrief und
mir das Zimmer anbot. Sie fänden mich so lustig und
lebensfroh.

Das mochte ja sein, aber als Alleinunterhalter tauge
ich dann doch nicht…

Jens aus Ludwigshafen

Einer geht noch

Nach dem dritten Rotwein frage ich mich allmählich,
wie ich in meinem Zustand noch die Wohnung besichtigen soll. Ich sitze in einer WG-Küche und amüsiere
mich prächtig. Meine hoffentlich zukünftigen Mitbewohner sind bestens drauf und haben mit mir den Spaß

ihres Lebens. Ehe ich mich umsehen dürfe, müsse ich erst mal meine Trinkfestigkeit unter Beweis stellen, hieß es zur Begrüßung. Das ist inzwischen gut zwei Stunden her, und ich stoße allmählich an meine Grenzen.

Das liegt keineswegs nur an den drei Gläsern Rotwein, die in der Tat kein gutes Bild auf mich und meine Trinkfestigkeit werfen, sondern vor allem an den fünf Runden Grappa, die wir auch schon hinter uns haben.

Immerhin war ich zwischenzeitlich auf dem Klo und weiß, dass in diesem Haushalt auf Ordnung im Badezimmer keinen gesteigerten Wert gelegt wird. Nun ja, man kann nicht alles haben. Und der hohe Spaßfaktor entschädigt für einiges.

Meine wiederholten Hinweise, dass mir doch allmählich mal jemand das freie Zimmer zeigen könne, werden beharrlich ignoriert. Um drei Uhr nachts bin ich so besoffen, dass ich schier vom Stuhl kippe, weshalb man mich auf die Couch bettet, wo ich bis zum nächsten Morgen wie ein Stein schlafe.

Nach einem Kaffee bekomme ich dann doch noch die gewünschte Führung. »Kannst übrigens einziehen, wenn du willst«, heißt es, als ich mich verabschiede. Ich habe die Aufnahmeprüfung offenbar bestanden.

Kathi aus Münster

Dschungelcamp

Manchmal bin ich mir bei der Suche nach einem WG-Zimmer echt vorgekommen wie bei der Vorauswahl fürs *Dschungelcamp*. Viel schlimmer kann das auch nicht sein. Man muss zwar keine Känguruhoden essen, aber wie's in manchen WG-Küchen aussieht, möchten die beim Gesundheitsamt lieber nicht wissen.

»Putzen wird total überschätzt«, sagte mal ein Typ zu mir, als ich wissen wollte, ob und wie das bei ihnen mit der Badreinigung geregelt wird. Dann hielt er mir einen Vortrag über das nötige Mindestmaß an Bakterien zur Abhärtung und berichtete stolz: »Ich war schon seit vier Jahren nicht mehr erkältet, auch wenn alle um mich rum schniefen und husten.«

»Na, dann noch viel Spaß in deinem Forschungslabor«, meinte ich nur und ging wieder.

Meine zwanzig Mitbewerber haben sich wahrscheinlich über meinen Zickenalarm gefreut – wieder eine weniger, die ich rauskicken muss, wird sich so mancher gedacht haben. Aber auf die noch ausstehende Castingshow mit dem Titel »Wer schleimt dem Hauptmieter am geschicktesten die Hucke voll« hatte ich eh keinen Bock. Manche üben wahrscheinlich davor wie fürs Assessment-Center oder lassen sich coachen, so wie die abgehen. Das ist schlimmer als die Fünf-Jahres-Frage im Bewerbungsgespräch auf einen Führungsposten. Echt nicht mein Ding, mich anzupreisen wie sauer Bier, damit ich ein völlig übateuertes, runtergekommenes WG-Zimmer beziehen darf.

»Du bist viel zu wählerisch«, meinte eine Freundin neulich zu mir. »Bei dem knappen Angebot muss man zugreifen, wir sind hier nicht beim Eurythmieunterricht.«

»Niemals, lieber suche ich mir noch 'nen zweiten Job und wohne doch alleine.«

Dann habe ich die Anzahl der Bakterien in meiner Bude wenigstens selbst im Griff, füge ich in Gedanken hinzu.

Luisa aus Regensburg

Sonne, Licht ... und Liebe?

Auf der Suche nach einem WG-Zimmer in Freiburg bin ich im Internet auf eine ganz besondere Anzeige gestoßen. Die Angaben zur Wohnung waren normal, es ging um ein sechzehn Quadratmeter großes Zimmer in einer Dreier-WG mit großem Bad und Wohnküche für gemütliche Abende. Sogar eine Badewanne sollte es geben, und Raucher waren ebenfalls toleriert. Für mich eigentlich perfekt, bis auf den kleinen Zusatz: »Wir sind FKK-Anhänger und leben das in unseren eigenen vier Wänden auch aus. Du solltest dich daher nur bei uns melden, wenn du selbst FKKler oder sehr tolerant bist, was das angeht.«

Aus Neugier vereinbarte ich einen Termin, und bei der Besichtigung machte mir tatsächlich ein Typ in Unterhose die Tür auf.

»Ich hab mir noch schnell was angezogen für unser erstes Treffen«, meinte er.

Dann zeigte er mir die Wohnung. Er hatte keinen schlechten Körper, und irgendwie fand ich das Ganze auch lustig. Aber als wir ins Bad kamen und ich feststellen musste, dass es keine Tür gab, wurde mir dann doch etwas mulmig.

»Wo ist denn die Tür?«, fragte ich und versuchte so cool wie möglich zu wirken.

»Och, die haben wir ausgehängt und in den Keller gestellt. So fühlt man sich freier beim Duschen. Außerdem strömen durchs Badfenster Licht und Sonne in den Flur, das ist gut für die Liebe.«

»Okay, aber ich glaube, nicht so gut für mich«, sagte ich und sah zu, dass ich hier wegkam.

Andrea aus Freiburg

Konkurrenzgebaren

Auf der Suche nach einem Apartment kurz vor Semesterbeginn, also zur denkbar günstigsten Zeit, weil außer mir ja nur gefühlte zwanzigtausend andere Studenten auf Wohnungssuche waren, stand ich in Schwabing seit zweieinhalb Stunden in einer Schlange an. Von meinem Kumpel wusste ich, dass es sich lohnt, als Erster da zu sein, und war erstaunt, dass ich trotz meinem überpünktlichen Eintreffen der siebzehnte in der Schlange war. Egal, die Stimmung unter den Wartenden war echt cool, jemand ging Bier im nahen Supermarkt holen, ein Mädel verteilte Kaugummis, und Witze machten auch die Runde. Irgendwie mussten wir uns die restlichen anderthalb Stunden bis zum Besichtigungstermin ja vertreiben.

Schlag eine Minute vor vier hielt ein Porsche Cayenne mit abgedunkelten Scheiben am Straßenrand mit einer blondierten Mutti hinterm Steuer. Jemand machte einen Witz, dass das nur die Maklerin sein könne, und alle johlten.

Weit gefehlt. Zur allgemeinen Überraschung stieg ein Milchbubi mit Anzug und Krawatte aus, der aussah wie vom Elite-Internat. Nachdem er die Schlange einmal rauf und einmal runter marschiert war und alle der Reihe nach begutachtet hatte, ging er völlig selbstverständlich direkt auf die Eingangstür zu. Er tippte den Typen mit Vollbart, der vermutlich schon seit gestern Abend hier stand und die Nacht im Schlafsack vor der Tür verbracht hatte, mit hochgezogenen Brauen an, als hätte er eine ansteckende Krankheit.

»Stehen Sie hier etwa alle wegen der Wohnung an?«, fragte er leicht pikiert, als hätte er einen Exklusivtermin ausgemacht und wir wären nur die Putzkolonne.

»Nee, wir stehen hier bloß für Bananen an«, sagte der Vollbärtige.

In das lautstarke Gegröle der Umstehenden meinte sein Nebenmann völlig trocken: »Schon gewusst? Jeder Dritte, der hier saublöde Fragen stellt, kriegt eins auf die Fresse.« Er machte eine Kunstpause, während der Milchbubi ihn ratlos anstarrte. Dann fügte er hinzu: »Zwei waren übrigens schon da!«

Ben aus Bayreuth

Kuscheliger Unterschlupf gewünscht?

Ein Studienplatz für Medizin in München – besser geht's nicht, dachte ich, als ich das Schreiben aus dem Briefkasten holte. Jetzt fehlte nur noch eine Unterkunft. Ich war ziemlich spät dran, wie alle Erstsemester, die sich gedulden mussten, bis eine Zu- oder Absage der ZVS kam. Die Wartelisten des Studentenwerks für einen Wohnheimplatz waren auf Endlospapier gedruckt – diese Methode, an eine Wohnung zu kommen, war aussichtslos. Blieb nur der freie Markt, über den ich nicht den geringsten Überblick hatte. Außerdem suchte ich von Nordrhein-Westfalen aus, was die Sache nicht leichter machte. Weder kannte ich mich in der Stadt aus noch wusste ich, wo ich hinwollte. Egal, erst mal hin nach München, danach kann ich immer noch umziehen, lautete die Devise.

Ein möbliertes Zimmer zur Untermiete sollte es sein, was anderes gab mein überschaubares Budget nicht her. Viele Angebote fand ich nicht, aber eines klang nicht schlecht: »Biete achtzehn Quadratmeter zur Untermiete, modern möbliert, mit Schreibtisch und Waschgelegenheit im Zimmer, Küchen- und Badmitbenutzung. Ideal für Studenten.«

Der Vermieter, der Stimme nach ein älterer Herr, war sehr freundlich am Telefon und gab bereitwillig Auskunft. Die Möbel seien in Ordnung, das Zimmer frisch gestrichen.

»Küche und Bad dürfen Sie mitbenutzen«, sagte er – und klang auf einmal leicht schmierig. »Badschlüssel gibt's keinen, aber Sie als junge Dame sind sicher nicht prüde, oder?« Darauf fiel mir nichts ein, was ich entgegnen konnte, und er kicherte: »Kleiner Scherz am Rande.«

Das Zimmer sollte zweihundertfünfzig Euro kosten, Heizung und Strom inklusive. Das war nicht unattraktiv – ganz im Gegensatz zu dem Kerl, der mir alles andere als geheuer war. Obwohl mein Bauch mir davon abriet, vereinbarte ich einen Besichtigungstermin für die kommende Woche. Ich gab ihm die gewünschten Daten über mich durch und versicherte, dass ich die gewünschte Elternbürgschaft zu dem Termin mitbringen würde.

»Wo werden Sie denn während der Wohnungssuche in München wohnen, junge Frau?«, wollte er noch wissen.

»In der Jugendherberge«, antwortete ich wahrheitsgemäß, »ich hab mir dort ein Zimmer reserviert.«

»Ach, das brauchen Sie doch nicht. Sie können für die Zeit gerne bei mir unterschlüpfen. Ich habe auch ein kuscheliges Bett für Sie …«

Damit war klar, dass ich die Wohnung ganz sicher nicht ansehen würde. Der Typ rief noch mindestens fünf Mal bei meinen Eltern an, um zu fragen, warum ich denn nicht zum vereinbarten Termin vorbeigekommen sei. »So einer netten Person hätte ich nur zu gern Unterschlupf gewährt.«

Na klar!

Ramona aus München

Nur Gast

In der linken Hand halte ich die Netto-Tüte auf Abstand von den Speichen. Mit der anderen Hand steuere ich das Fahrrad über das vom Nebel feuchte und mit gelbem Laub bedeckte Kopfsteinpflaster. Der Fünfundvierzig-Liter-Trekkingrucksack auf meinem Rücken macht die Sache nicht unbedingt besser.

Manchmal fahre ich auch meine Tageslichtleuchte spazieren, wenn ich von einer Couch oder Matratze zur nächsten wechsele. Wie die Topfpflanze in *Léon – Der Profi* ist sie meine einzige Konstante und soll mich mit ihren zehntausend Lux Tageslicht-Vollspektrum-Leistung vor der Winterdepression bewahren.

Tut mir leid, das Zimmer wird doch nicht frei. Viel Glück weiterhin. Sind ja wohl noch viele andere auf der Suche.

Was du nicht sagst! Ein Jahr weg gewesen, über einen Wechsel nach Dresden nachgedacht, und nun doch wieder in Greifswald. Gott sei Dank. Eigentlich.

Du kannst für eine Weile bei mir schlafen, ich habe jetzt nämlich eine Schlafcouch, guck mal.

Danke. Schlafcouch klingt göttlich im Vergleich zum Auto.

Ich werde mich vorerst an den Trekkingrucksack gewöhnen müssen, wappnet mich ja auch irgendwie für meine geplante Südamerikafahrt. Letztlich alles halb so wild, schließlich wird mir von allen Seiten Hilfe angeboten. Noch. Ryckwärts-Forum, WG-gesucht.de, Freunde reißen für mich Zettel in der Mensa ab – alles Dinge, die ich eigentlich vermeiden wollte, als ich mir bereits im August ein Zimmer gesucht (clever!) und mich auf die Zusage verlassen habe (weniger clever).

Die ersten Wohnungsbesichtigungen sind interessant, ich erhalte innerhalb von fünf Minuten sämtliche Informationen über Mietkosten, Nebenkosten, Internetkosten und darf sogar 'nen Keks kosten. Aber dann soll ich bitte wieder gehen, in fünf Minuten kommt schließlich schon der Nächste.

Ich bin kommende Woche nicht da, fahre nach Hamburg, wir haben Jiu-Jitsu-Trainingslager, hier sind meine Schlüssel. Meine Teeschublade ist die zweite von unten, das Kühlschrankfach das oberste, meine Kartoffeln sind die mehlig-kochenden, wenn du warme Socken brauchst oder einen frischen Schlüpper, die Kleiderschranktür klemmt ein bisschen, aber du machst das schon.

Ach so, danke. Rucksack wieder auf- und Lampe mitnehmen, ab und zu mal bei meinem alten Golf vorbeifahren, der seit Wochen vor dem Institut in der Franz-Mehring-Straße steht und einlaubt. Im Kofferraum liegen noch ein frisches Handtuch und einige Pullover, die nicht mehr in den Rucksack gepasst haben, sowie die Zwiebeln von vorgestern. Einige Kommilitonen sehen mir verwirrt beim Tasche-Aus-und-wiedereinpacken zu.

Weiter geht's von Bett zu Bett. Die Besteckkästen sind bei manchen Leuten in Schubladen, bei anderen in Schränken, bei den nächsten in Regalen, man findet sie am einfachsten. Wo das Klopapier gelagert wird, wenn denn welches vorhanden, ist dagegen manchmal tricky.

Ich fahre am Wochenende zu meinen Eltern. Nee, ist kein Problem, dass dein Freund dich besuchen kommt, nehmt einfach das Bettzeug, das ihr findet, ich hab mich da nicht so. Ach, wenn du schon mal da bist, kannst du bitte meine Pflanzen gießen?

Klar, danke, schönes Wochenende.

Mein Rechner wird zur Hure, muss sich in vier Wochen in fünf verschiedene Netze einwählen, die Netznutte. Die Zugangsschlüssel reichen von lässigem »Chaos-WG« über kryptische Zeichen- und Zahlenfolgen bis hin zu lyrischen Zitaten. Mit Boilern bin ich überfordert, dusche also lieber kalt, und wenn man die Wasserleitung von der Mischbatterie am Waschbecken auf Dusche umstellen muss, versage ich meist komplett. Den Asylgeber anrufen? Nee, lieber keinem auf den Sack gehen – das allgegenwärtige Gefühl.

Du bist Gast, hinterlass gefälligst keinen Dreck, räum deine Sachen aus dem Weg, klapp die Couch wieder zusammen, zieh die Bettwäsche ab und vergiss keine Haare im Abfluss, schließlich wohnst du hier nicht. Stell deine Schuhe vernünftig zur Seite, sonst fliegen alle drüber, mahnt Mutters innere Stimme.

Ich zeige mich dankbar, koche Soljanka nach Muttis Rezept, verteile Naturkosmetika, putze das Bad an Stellen, die bereits einen individuellen Farbverlauf simulieren, sauge Staub und stelle zwischendurch mal einen Kasten Bier hin. Und ziehe weiter.

Besichtigungen habe ich nun drei am Tag, zweimal lache ich hysterisch nach Psychologen-Witzen, einmal nicke ich angestrengt auf die Frage, ob ich denn auch regelmäßig in den TV-Club gehe. Bei der Frage, ob ich Fleisch esse, gerate ich ins Schwitzen. Man beginnt sich dort wohlzufühlen, wo man sich am längsten aufhalten kann, ohne die Angst, die Privatsphäre eines anderen zu stören. Mensa. Vorlesungssaal. Bibliothek. Sporthalle. Café Ravic. Fast so gut wie das eigene Wohnzimmer.

Am Mittwochabend dann der erlösende Anruf. »Ich möchte dir medial die Hände schütteln«, sagt Momo. »Du kannst in das Zimmer ziehen, allerdings erst in zwei Wochen.«

Ich kreische vor Freude am Telefon, was sind schon zwei Wochen? Das ist endlich, das ist greifbar.

In den kommenden vierzehn Tagen durchlaufe ich noch mal meine Etappen: Hunnenstraße, einmal vorn und einmal hinten, Anklamer, Lange Reihe, Bachstraße. Ich schultere meinen Rucksack, stecke meine Zehntausend-Lux-Tageslicht-Vollspektrum-Leuchte in ihren Pappkarton, radele die Friedrich-Löffler hoch und fühle mich zu Hause. In der Mensa, in jeder WG, auf dem Kopfsteinpflaster, in dieser Stadt.

Josie aus Greifswald

Gute Nachbarschaft

Nach einem Jahr Australien, wo ich über Work and Travel gejobbt habe, soll es zurück nach Deutschland gehen. Meine neue Bleibe muss ich mir noch von Down Under aus suchen. Also sitze ich abends nach Feierabend bei einem Foster's vor meinem Tablet-PC und durchsuche die Immobilienportale nach einer Wohnung.

Während ich mich so durch die Fotos klicke, bleibt mein Blick an einem dunkelrot gestrichenen Mehrfamilienhaus hängen. Das kenn ich doch, denke ich, nur woher? Von der Wohnung ist nur ein Grundriss abgebildet und dazu die Außenaufnahme von dem Haus. Plötzlich fällt es mir ein: Da wohnt doch Lena drin. Wie geil ist das denn?

Ich werfe einen Blick auf mein Handy. 18:34 Uhr. In Deutschland ist es also gerade halb neun am Freitagmorgen. Wenn ich Glück habe, ist sie noch da.

»Hi, Lena, sorry für den Überfall«, beginne ich und falle gleich mit der Tür ins Haus.

Sie weiß von nichts, meint aber, dass es nur um die Webdesignerin unter ihr gehen könne.

»Kein Problem«, meint sie, »ich frag schnell nach und melde mich gleich wieder bei dir.«

Sie rennt eine Etage tiefer und klingelt bei ihrer Nachbarin, die gerade aus dem Haus gehen will.

»Sag mal, willst du ausziehen?«

»Ja, wieso?«

Lena erklärt ihr meine Lage und fragt: »Macht es dir was aus, wenn ich die Tage mal deine Bude für meine Freundin in Australien fotografiere?«

»Nö, komm doch einfach heute Abend vorbei. Sorry, aber ich muss jetzt echt los«, meint sie noch und steht schon im Treppenhaus.

Noch am selben Abend schickt mir Lena die Fotos durch, und ich bin sofort begeistert von der Wohnung. Während ich mich bei dem Makler melde, der die Anzeige aufgegeben hat, kontaktiert Lena den Vermieter und warnt ihn schon mal vor. Oder versucht vielmehr, mich ihm als neue Mieterin schmackhaft zu machen.

Darauf er: »Wenn Ihre Bekannte nur halb so nett

und zuverlässig ist wie Sie, kann sie die Wohnung gerne haben.«

Well done!

Greta aus Heidelberg

Ausweichquartier

Die erste eigene Wohnung, noch dazu in der großen Stadt, darauf freute ich mich ganz besonders. Über die Zeitung entdeckte ich ein möbliertes Zimmer zur Untermiete bei einer Frau. Zu einem alleinstehenden Mann wollte ich auf gar keinen Fall ziehen, über notgeile alte Säcke, die sich eine knackige Studentin ins Haus holen, hatte ich genug Gruselstorys gehört.

Bei der Besichtigung führte mich die Hauptmieterin, eine zierliche, sympathische Mittfünfzigerin, zu meinem Erstaunen direkt ins eheliche Schlafzimmer, in dem in einer Ecke ein Schreibtisch stand. Als sie merkte, dass sich meine Begeisterung in Grenzen hielt, erklärte sie mir wortreich, dass sie fast durchgehend allein hier wohne.

»Und Ihr Mann?«, fragte ich und deutete auf das zweite Kissen in dem Doppelbett.

»Der ist in Kroatien und kommt nur alle paar Monate für ein, zwei Wochen auf Besuch nach Deutschland.« Sie zögerte kurz. »Dann müssten Sie natürlich das Zimmer räumen und auf die Couch im Wohnzimmer ausweichen.«

»Äh ... bei voller Miete?«

Daraufhin bot sie mir als Entschädigung nicht etwa eine Mietminderung an, sondern wollte mir Essen aus der Krankenhausküche mitbringen. Sie arbeite dort und könne abends immer die Reste mitnehmen.

Dass ich dieses sensationell attraktive Angebot dann

doch nicht angenommen habe, kann die Dame vermutlich bis heute nicht nachvollziehen.

Eine Studentin aus Mainz

Wir vermieten alles

»Günstige WG-Zimmer an Studenten von privat zu vermieten, Küche und Bad zur gemeinschaftlichen Nutzung«, las ich auf einem Zettel am Schwarzen Brett in der Mensa und rief gleich die angegebene Nummer an. Ich fühlte mich in meiner kleinen Wohnung oft einsam und sah mich daher seit ein paar Wochen nach einem WG-Zimmer um. Mitten im Semester war es jedoch sehr schwer, etwas zu finden, und so fuhr ich zu der angegebenen Adresse, obwohl mir die Wohnung eigentlich zu weit draußen war.

Als ich hinkam, wartete der Vermieter schon vor der Garage auf mich. Ich dachte, er wäre auch eben erst gekommen und hätte sein Auto geparkt, doch statt mit mir ins Haus zu gehen, schloss er das Garagentor auf.

»Hier wäre dann das Zimmer«, sagte er und deutete auf einen Raum ohne Fenster, in dem ein kleines Holzbett und ein uralter Schreibtisch mit einer Lampe darauf standen. An der Decke sprang mit einem Summen die Neonröhre an.

»Was ist das denn?«, sagte ich entgeistert, obwohl ich genau wusste, was es war: eine umfunktionierte Garage, in die man mithilfe von Trennwänden drei Zimmer eingebaut hatte. Zwei davon, darunter das zu vermietende, waren ohne Tageslicht. Das angekündigte Bad gab es auch nicht, sondern nur eine Duschkabine mittendrin, und gleich daneben eine Art Pantry-Küche. So etwas hatte ich noch nie zuvor gesehen – und allem Anschein nach wohnte in den anderen beiden Zimmern tatsächlich wer.

»Sorry, das ist nichts für mich«, sagte ich und machte, dass ich davonkam.

Studentin aus Paderborn

Familienanschluss erwünscht

Auf der Suche nach einem bezahlbaren Zimmer zur Untermiete in Straubing stolperte ich, damals noch Auszubildende, über ein ungewöhnlich günstiges Angebot. Zwar war ich skeptisch, aber ansehen wollte ich es mir trotzdem.

Der möblierte Raum im ausgebauten Dachgeschoss eines Einfamilienhauses war schön groß und sogar halbwegs modern eingerichtet, aber das Wichtigste fehlte.

»Wo ist denn hier die Tür?«, fragte ich die Vermieter, ein älteres Ehepaar.

Es gab keine. Der Raum war als offenes Studio konzipiert und im Grunde Teil des Wohnzimmers. Privatsphäre? Fehlanzeige. Dabei wollte ich weder live dabei sein, wenn die beiden am Sonntagabend *Tatort* schauten, noch wollte ich auf dem Präsentierteller sitzen.

Einen eigenen Eingangsbereich gab es auch nicht, vielmehr musste man einmal quer durch die komplette Wohnung und im Wohnzimmer eine Wendeltreppe hoch, um den Raum zu erreichen. Das Bad durfte man großzügigerweise mitbenutzen, bei der Küche war die Dame des Hauses schon empfindlicher.

»Ich mag es nicht, wenn wer Fremdes in meiner Küche rumwerkelt«, erklärte mir die Vermieterin, »aber mitessen können Sie. Ich koche leidenschaftlich gerne und gut … und immer ein bisschen zu viel.«

»Das käme dann aber auf die Miete noch drauf«, meldete sich ihr Mann zu Wort, der bisher geschwiegen hatte.

»Wir essen abends um Punkt sechs«, betonte sie und fügte erklärend hinzu: »Danach ist gemeinsame Fernsehstunde. Natürlich auch für Sie...«

Den letzten Satz betonte sie, als wäre es eine ganz besondere Ehre, daran teilnehmen zu dürfen.

Das Ehepaar hatte keine Kinder und suchte eindeutig Familienanschluss oder vielmehr: Kinderersatz. Auch wenn das Zimmer so gut wie nichts hätte kosten sollen, der Preis war mir dennoch zu hoch.

Eine Erzieherin aus Niederbayern

Deutsche Ansprüche

In einem imposanten Palazzo in Rom sah ich mir ein Zimmer zur Untermiete an. Es war düster und völlig abgewohnt, dennoch präsentierte es mir die Signora mit großem Stolz. Dass es zwar ein Waschbecken, aber keinen Wasserhahn gab und die zerbrochene Kloschüssel so nicht zu benutzen war, schien sie anders zu sehen als ich.

Als ich dann noch auf die kaputte Fensterscheibe deutete und sagte: »Da regnet es doch bestimmt rein. Das müssen Sie aber erst renovieren«, erntete ich blankes Unverständnis.

»Wieso?«, fragte sie. »Darüber hat sich bisher noch keiner beschwert. Ich glaube, Sie haben sehr deutsche Ansprüche.«

Damit war die Besichtigung in beiderseitigem Einverständnis beendet.

Kathrin aus Stelle

Mieterin mit Pflegekompetenz gesucht

Kaum hatte ich meinen Ausbildungsvertrag zur Buchhändlerin in der Tasche, stand für mich fest, dass ich zu Hause ausziehen würde. Ich kam mit meinen Eltern zwar gut klar, wollte aber endlich nicht mehr an Mamas Rockzipfel hängen.

Da man im ersten Lehrjahr nicht wirklich viel verdient, sah ich mir nicht nur winzige Apartments, sondern auch einige WG-Zimmer an. Untermiete kam für mich nicht infrage, da hätte ich ja genauso gut zu Hause wohnen bleiben können.

Umso erstaunter war ich, als mir bei einem Besichtigungstermin im ersten Stock eines Dreifamilienhauses eine ältere Dame die Tür öffnete. Aufgrund der Wohnungsanzeige in der *Memminger Zeitung* war ich von einer Studenten-WG ausgegangen, da der Text ziemlich salopp formuliert gewesen war.

»Wie schön, dass Sie da sind«, begrüßte mich die Dame sehr freundlich. »Kommen Sie rein, ich zeige Ihnen gleich alles.«

Damit führte sie mich durch die hell und freundlich eingerichtete Wohnung, wobei sie einen Stock zum Gehen benutzte und sichtlich schlecht zu Fuß war.

Im Wohnzimmer saß ein Mann im Rollstuhl und döste vor sich hin. Die Dame legte den Finger auf die Lippen und sprach kein Wort mehr, während sie mir gestenreich den Raum zeigte. Bei dem Zimmer, das offenbar für mich gedacht war, handelte es sich um einen schönen großen Raum mit einem Doppelfenster und Parkett, in dem ein Bett, ein Kleiderschrank und ein Schreibtisch standen. Die Raufasertapete hatte schon bessere Tage gesehen, die Möbel wirkten alt, aber gepflegt.

»Wie viel soll das Zimmer noch mal kosten?«, fragte ich nach, obwohl mir eigentlich klar war, dass ich es nicht nehmen würde.

»Dreihundertfünfzig warm«, sagte sie und fügte schnell hinzu: »Aber Sie können einen Teil der Miete abarbeiten, wenn Ihnen das zu viel ist. Ich kann meinen Mann nicht mehr alleine vom Bett in den Rollstuhl heben, wissen Sie, und beim Einkaufen machen mir meine Beine ganz schön zu schaffen.«

»Äh…«

»Keine Sorge, putzen müssen Sie nicht«, sagte sie, als sie meinen entsetzten Blick bemerkte.

»Wieso suchen Sie sich keine Pflegekraft?«, fragte ich ganz direkt.

»Die können wir uns nicht leisten. Mein Mann hat nur eine kleine Rente, die reicht gerade so zum Leben. Unser Sohn ist ein angesehener Architekt in Berlin und kann leider nur selten vorbeikommen.«

Obwohl es mir fast das Herz brach, schüttelte ich den Kopf. »Tut mir leid, das ist nicht meine Baustelle.«

Auszubildende aus Memmingen

Französisches Flair

Für ein Auslandssemester in Paris war ich auf der Suche nach einem Zimmer zur Untermiete für sechs Monate. Als ich mal wieder beim Frühstück im Internet surfte, entdeckte ich eine Künstler-WG in einem wunderschönen Altbau mitten in Montmartre. Die Fotos waren der Hammer, die Räume sahen aus wie in einer Galerie. Zwei Malerinnen und ein Bildhauer teilten sich die Wohnung mit einem Goldschmied, der für ein Jahr in die Karibik wollte. Dessen Zimmer, eingerichtet in einem coolen Mix aus Flohmarkt- und Designerstücken war für siebenhundert Euro zu haben. Für Paris, erst recht in der Gegend, ein Schnäppchen.

Ich war überglücklich, als ich auf meine Mail schon nach wenigen Minuten eine Antwort bekam. Aber ich hatte mir auch wirklich Mühe gegeben, mehrere Fotos von mir mitgeschickt und eine echte Lobeshymne auf die Wohnung gesungen. Vermutlich habe ich genau den richtigen Ton getroffen, redete ich mir ein und sah mich schon durch die belebten Gassen streifen und in den Bistros einen Café au Lait nach dem anderen schlürfen.

»Das Zimmer ist noch da«, schrieb mir Florence, eine der Malerinnen, »aber total begehrt. Du würdest echt super zu uns passen. Kannst du heute Nachmittag um drei vorbeikommen, damit wir uns kennenlernen?«

In heller Aufregung checkte ich sämtliche Flug- und Zugverbindungen, doch es war unmöglich zu schaffen. Ich konnte frühestens am Abend in Paris sein. Das mailte ich Florence und flehte sie an, das Zimmer nicht wegzugeben. Ich wollte um jeden Preis dort wohnen, es war ein spontanes Gefühl, angefacht von den tollen Fotos und der netten Französin.

»Na gut«, mailte sie zurück, nachdem sie mich eine ganze Weile hatte zappeln lassen. »Du kannst es haben, wenn du uns noch heute die erste Miete überweist. Dann reservieren wir es fest für dich.«

Huch! Wo sollte ich auf die Schnelle siebenhundert Euro herbekommen? Mein Dispo war schon ausgereizt, und meine Ersparnisse waren für den neuen Laptop draufgegangen, den ich dringend gebraucht hatte. Egal, ich musste dieses Zimmer haben. Ich packte meinen Stolz in eine Kiste, schob sie unters Bett, rief meine Eltern an und bettelte um die Kohle – vergeblich. Meine wie immer misstrauische Mutter vermutete einen Betrugsversuch und verweigerte mir ihre Hilfe.

Stinksauer legte ich auf und überlegte, wen ich sonst noch anpumpen könnte. Leider wollte mir niemand einfallen, und so ging das Zimmer an jemand anderen, wie mir Florence kurz darauf schrieb. Ich war todtraurig und bemitleidete mich selbst.

Allerdings nicht lange, denn nur eine Woche später entdeckte ich das Zimmer erneut im Internet. Die Fotos und die Beschreibung waren absolut identisch, nur die Adresse war eine andere. Statt in Montmartre war die Künstler-WG diesmal im ersten Arrondissement, im Quartier des Halles. Ich guckte dreimal hin und klickte die Fotos immer wieder an. Keine Frage, das war dieselbe Wohnung! Sprachlos las ich die Beschreibung durch: absolut identisch.

Ich bat meine Freundin Sanne, sich auf die Anzeige zu melden, und prompt zogen die doch die gleiche Nummer ab wie bei mir. Unfassbar!

Wir haben bei dem Immobilienportal Anzeige gegen Florence und ihre betrügerischen Mitbewohner erstattet, wissen aber nicht, wie die Sache am Ende ausgegangen ist. Das Inserat mit der Wohnung war jedenfalls noch am selben Tag verschwunden. Das war's mit meinem Traum von der Künstler-WG in Paris.

Nina aus Saarbrücken

Studenten brauchen kein Tageslicht

Auf der Suche nach einem Zimmer zur Untermiete entdecke ich in der Zeitung ein vielversprechendes Angebot in Trudering. Uni-Nähe ist zwar was anderes, aber man nimmt in München bekanntlich, was man kriegen kann.

Von guter U-Bahn-Anbindung, wie in der Anzeige behauptet, kann allerdings auch keine Rede sein, denn vom Bahnhof Trudering sind es noch mehrere Haltestellen mit dem Bus. Nach gefühlten drei Stunden Fahrt und einem ausgedehnten Fußmarsch stehe ich endlich vor einem alten Einfamilienhaus mit einem wunderschönen riesengroßen Garten. Die Lage ist wirklich alles andere als top, aber die Gegend gefällt mir, und ich spekuliere auf nette Vermieter und Gartenmitbenutzung.

Die Hoffnung schwindet, als auch nach dem dritten Klingeln nichts passiert. Ich klingele ein letztes Mal und sehe noch mal in meinem Handy nach, ob ich mich im Tag oder der Uhrzeit vertan habe. Gerade als ich mich zum Gehen wende, kommt eine ältere Dame um die Hausecke.

»Tut mir leid, junge Frau, ich war im Garten. Ich bin nicht mehr so gut zu Fuß«, begrüßt sie mich.

»Kein Problem«, sage ich und stelle mich kurz vor. »Ist ja ganz schön weit…« Ich stutze, als hinter ihr ein gut dreißig Jahre jüngerer Mann um die Ecke biegt.

Ist ihr Sohn etwa auch nicht mehr gut auf den Beinen?, denke ich, da sagt sie: »Das ist übrigens mein Mann.«

Ich nicke bloß. Was soll ich dazu auch sagen? Jedem Tierchen sein Pläsierchen.

Dann legt sie los. Ohne Punkt und Komma beginnt sie zu reden. Das Zimmer hat fünfzehn Quadratmeter und soll dreihundert Euro warm kosten, in der Heizperiode wäre es dann geringfügig teurer, je nach Verbrauch. Ehe ich über dieses seltsame Abrechnungssystem nachdenken kann, erfahre ich, dass ich mir das Bad mit zwei anderen Frauen teilen müsste, außerdem gibt es eine Gemeinschaftsküche.

Wir stehen noch immer auf dem Bürgersteig, als die Vermieterin ihren Vortrag mit den Worten beendet: »Was ist, nehmen Sie das Zimmer?«

»Dürfte ich es vielleicht erst mal sehen?«, wage ich zu fragen und ernte Unverständnis.

Der Frau hat es angesichts meiner Unverfrorenheit offenbar die Sprache verschlagen, denn sie fordert mich mit einer herrischen Geste auf, ihr zu folgen. Sie betritt das Haus und marschiert schnurstracks hinunter in den Keller. Ich bleibe am Treppenabsatz stehen, der festen Überzeugung, dass die Dame da unten etwas vergessen hat, das sie schnell noch holen will.

»Nun kommen Sie schon«, lautet die knappe Aufforderung.

Eine halbe Minute später stehe ich in einem Raum im Keller mit einer nackten Vierzig-Watt-Funzel an der Decke. Fenster Fehlanzeige, dafür lässt ein sogenannter Lichtschacht mit knapp tausend Spinnweben davor eben kein Licht herein. Ehrlicherweise war in der Anzeige von Tageslicht auch keine Rede …

Die Möbel sehen aus wie vom Sperrmüll zusammengeklaubt, und das Bett wackelt bedenklich, als ich mich daraufsetze. Nebenan gibt es zwei weitere fast identische Zimmer, im Flur ein schmales Schränkchen mit Spüle und zwei Herdplatten. Mit viel Fantasie könnte sich dahinter die in der Anzeige beschriebene Gemeinschaftsküche verbergen.

»Wo ist das Bad?«, ist alles, was ich noch herausbringe.

»Ach so, ja.«

Die Frau geht mir voraus in den Hauswirtschaftsraum, in dem gerade eine alte Waschmaschine schleudert. Eine Heizung kann ich nirgends entdecken, dafür ein Steinwaschbecken aus Vorkriegszeiten und eine Fertigduschkabine, vermutlich aus den Siebzigern. Der Raum ist nicht gefliest, wir stehen auf nacktem Beton.

»Wir stellen uns drei Frauen als Mieterinnen vor, die sind nämlich sauberer als Männer. Ach ja, Herrenbesuch ist nicht erlaubt, sonst denken die Nachbarn noch, wir betreiben hier 'nen Puff.«

Meinen entsetzten Blick interpretiert die Vermieterin wohl falsch, denn sie fügt schnell hinzu: »Meinetwegen können Sie sich hier so 'nen Flickenteppich von IKEA hinlegen, damit Sie keine kalten Füße bekommen.«

Danke, die hab ich schon, denke ich und mache mich auf Nimmerwiedersehen davon.

Ramona aus München

Günstige Unterkunft?

»Suche Mitbewohnerin für günstige Unterkunft im Westend.« Dieser Satz und eine Telefonnummer, mehr steht da nicht in der Anzeige des Wochenblättchens.

Ich rufe trotzdem an, weil ich mich inzwischen an jeden Strohhalm klammere, um eine Wohnung zu finden, die ich mir mit meinem Friseurinnengehalt leisten kann. WG wäre für mich okay, auch mit einem Mann, das stelle ich mir sogar entspannter vor als mit irgendeiner Zicke.

Am Telefon klingt der Typ nicht unsympathisch, will

aber nicht mit der Sprache rausrücken, was er anzu-
bieten hat, sondern meint: »Komm doch erst mal her
und guck dir das Zimmer an, dann reden wir über die
Miete.«

Seltsam, denke ich zwar, aber worum es geht, checke ich erst, als mir der Vierzigjährige die Tür aufmacht
und ich in einem verwahrlosten Einzimmerapartment
stehe. Ein Schrank, ein Tisch, zwei Stühle, ein großes
Bett. Als WG kann man das hier definitiv nicht bezeich-
nen, so viel steht fest.

»Und wo soll ich meine Sachen hinstellen?«, frage
ich, obwohl ich am liebsten gleich wieder rausrennen
würde. Aber das traue ich mich irgendwie nicht.

»Du kannst die Hälfte vom Schrank haben«, sagt
er völlig selbstverständlich. Dann grinst er: »Und das
halbe Bett.«

»Wie stellst du dir das vor?«, frage ich nach.

Da grinst er noch breiter und meint: »Na ja, wenn du
nicht viel Miete zahlen kannst, lässt sich das auch anders lösen. Ich schlafe nicht gern allein.«

»Du spinnst wohl!«, blaffe ich ihn an, drehe mich um
und will gehen.

»Was glaubst du eigentlich? Willst Kohle sparen und
nix dafür bieten?«, ruft er mir hinterher. »Träum weiter!«

Andrea aus Frankfurt

Drei Mädels haben's raus

Nach einer sehr schönen Zeit in Wien kam ich zurück
nach München, um eine Ausbildung zu beginnen. Fürs
Erste kam ich mit meinen Umzugskisten wieder bei
meinen Eltern unter, worüber ich sehr froh war. Aber

das war nur vorübergehend, denn ich wollte zusammen mit zwei anderen Mädels eine Dreier-WG gründen.

Als sie von meinen Plänen hörte, sagte eine Freundin zu mir: »Da habt ihr mehr Chancen, wenn ihr euch als lesbisches Paar ausgebt.«

»Das glaub ich nicht«, meinte ich nur, und wir ließen uns nicht beirren.

Sicher gab und gibt es einige Vermieter, die eher konservativ und alternativen Wohnformen gegenüber nicht sehr aufgeschlossen sind, aber wir versuchten es trotzdem. Normalerweise ist es in München nicht so einfach, eine WG neu zu gründen, nicht nur wegen der angespannten Lage auf dem Wohnungsmarkt, sondern weil WGs, ganz anders als in Wien, nicht sehr gern gesehen sind. Allerdings haben Frauen bessere Chancen als Männer oder gemischte WGs – vermutlich denken die Vermieter dann, die Wohnung würde dann besser in Schuss gehalten werden.

Wir fingen also an zu suchen und entdeckten auf WG-cast.de ein paar gute Angebote. Und tatsächlich hatten wir Glück und mussten nicht den üblichen Besichtigungsmarathon mitmachen. Insgesamt schauten wir uns drei Wohnungen an, und die zweite wollten wir unbedingt haben. Sie lag in der Maxvorstadt und war super WG-geeignet.

Seit fünf Jahren wohnten darin vier Jungs, die Zimmer waren richtig runtergewohnt und hässlich. Angeblich hatten sie die Wände nicht selbst dunkelrot, dunkelbraun und orange gestrichen, sondern so vom Vormieter übernommen. Das muss aber irgendwann in den Achtzigern gewesen sein. Das Bad war mehr als dreckig, und auch in der Küche sah es aus, als hätte dort noch nie jemand geputzt. Wir warfen uns während der Besichtigung so manchen angeekelten Blick zu, aber die Wohnung war ideal geschnitten, und wir waren sicher, wenn sie erst einmal grundgereinigt war, wäre sie super. Außerdem war die Lage absolut top, und die Miete, die die Jungs zahlten (und die auch für die Nachmieter gelten sollte) war akzeptabel. Wir wurden uns also mit den vieren einig und sagten dem Vermieter die Wohnung telefonisch zu.

Für Mitte November hatten wir dann einen Termin mit ihm, um den Mietvertrag zu unterschreiben. Die Eckpunkte hatten wir ja alle mit den Jungs geklärt. Als er uns zwei bis drei Tage vorher den Vertrag zum Durchlesen schickte, war der Schock groß. Denn die Kaltmiete war deutlich höher als ausgemacht, und auch die Nebenkosten stimmten nicht mit dem überein, was die Jungs uns gesagt hatten.

»Was machen wir jetzt?«, fragte ich die anderen beiden Mädels, als wir uns in einem Café trafen, um zu beratschlagen.

»Meint ihr, wir sollen den Termin wieder absagen?«, fragte meine Freundin.

»Nein«, sagte die andere, »das machen wir auf keinen Fall. Wenn wir Glück haben, ist der Vermieter zu faul, sich neue Nachmieter zu suchen. Dann haben wir gute Karten.«

»Stimmt«, meinte ich, »vielleicht können wir ja mit ihm handeln.«

Wir beschlossen, uns besonders nett anzuziehen, und ich übte am nächsten Tag noch mal mein Kleinmädchenlächeln vor dem Spiegel, bevor ich aus dem Haus ging.

Keine Stunde später saßen wir drei bei dem älteren Herrn im Wohnzimmer auf dem Sofa und drucksten rum. Keine von uns wollte den Anfang machen, doch dann fasste sich meine Freundin ein Herz.

»Wir können den Vertrag, so wie er ist, leider nicht unterschreiben«, sagte sie.

»Oh, habt ihr noch Fragen dazu?«, meinte er überrascht.

»Ja, wir haben das mit den Nebenkosten nicht ganz kapiert. Das sind irgendwie zwei- bis dreihundert Euro mehr, als wir dachten«, fing ich an.

Meine Freundin unterstützte mich gleich und meinte mit gekonntem Augenaufschlag: »Wissen Sie, wir sind noch in der Ausbildung, das können wir uns gar nicht leisten. Aber da kann man jetzt sicher nichts mehr machen, oder?«

»Wir passen auch ganz bestimmt gut auf die Wohnung auf und kümmern uns um alles«, meinte die Dritte.

»Das habe ich mir fast schon gedacht«, sagte der Vermieter nur und stand auf. Was genau er sich schon gedacht hatte, verriet er uns nicht.

Wir hielten die Luft an vor Spannung, während er ins Nebenzimmer ging, wo wir eine Tastatur klappern hörten. Wir warfen uns immer wieder Blicke zu und hätten am liebsten geschrien, weil wir ahnten, was er da tat.

Ogottogottogottogott, flehte ich stumm und wäre fast gestorben, bis der Mann nach einer halben Ewigkeit ins Wohnzimmer zurückkam.

»Ich sehe ja, dass ihr noch in der Ausbildung seid, da will ich mal nicht so sein«, sagte er und legte den korrigierten Mietvertrag vor uns auf den Tisch.

Er hatte die Miete allen Ernstes um zweihundertfünfzig Euro nach unten korrigiert – das waren gut achtzig Euro weniger für jede von uns. YEAH!

»Immerhin haben wir bald Weihnachten, und ich bin ja kein Unmensch«, sagte er noch, und ich wäre ihm am liebsten um den Hals gefallen.

Überglücklich unterschrieben wir den Vertrag und verabschiedeten uns mit tausend Dankeschöns von unserem netten Vermieter.

Kaum saßen wir im Auto, kreischten wir los wie die Irren und klatschten uns ab. Das war sicher noch nicht vielen Leuten vor uns passiert, dass der Vermieter den Preis nach unten korrigierte. Aber irgendwann ist immer das erste Mal.

Sophie aus München

Senioren-WG

Warum eigentlich nicht?, denke ich mir, als mir eine Bekannte erzählt, dass sie seit ein paar Wochen in einer Senioren-WG wohnt. Sie ist ein ebenso geselliger Mensch wie ich und war es leid, abends allein vor dem Fernseher zu versauern. Fürs Altenheim haben wir beide noch zu viel Lebensenergie, außerdem bin ich bisher noch mit jedem gut ausgekommen. Und ich habe damals, vor gut fünfzig Jahren, schon mal in Paris in einer Studenten-WG gewohnt. Damit fühle ich mich im Grunde gut gerüstet und mache mich auf die Suche.

Als ich in der Zeitung und im Internet nichts entdecke, gebe ich selbst eine Anzeige auf und habe bald zwei Mitstreiterinnen gefunden, die das Projekt mit mir in Angriff nehmen möchten. Wir haben uns mehrfach getroffen und beschnuppert und irgendwann beschlossen, dass wir es einfach probieren. Eine Garantie, dass es klappt, kann uns sowieso keiner geben, und wir wollen keineswegs einen Ehrenpreis für Harmonie gewinnen. Wir sind alle drei lebenserfahren und klug genug, um zu wissen, wie man Konflikte austrägt, und fühlen uns gerüstet.

Gemeinsam durchforsten wir die Angebote nach einer Vierzimmerwohnung, in der es neben einem eigenen Raum für jede von uns auch ein Gemeinschaftszimmer geben soll. Dabei steht erst an zweiter Stelle unser Wunsch nach einem Garten. Viel wichtiger ist uns der seniorengerechte Ausbau: also Erdgeschoss oder mit Fahrstuhl, bodengleiche Dusche, breite Türen, durch die man zur Not auch mit einem Rollstuhl durchkäme, und – wenn wir schon beim Wünschen sind – eine Badewanne mit Einstieghilfe.

Die meisten Vermieter reagieren skeptisch, wenn wir ihnen uns und unsere Idee vorstellen. »Glauben Sie denn, dass das lange gutgeht? Was, wenn Sie einziehen und feststellen, dass Sie sich nicht verstehen?«, fragt uns einer besorgt.

Daraufhin geben wir uns beim nächsten Termin als langjährige Freundinnen aus, schließlich sind wir flexibel. Doch die Vermieterin hat ebenfalls Bedenken. »Was, wenn eine von Ihnen krank wird … oder gar stirbt? Wie wollen Sie dann zu zweit die Miete bezahlen?«

Unsere Beteuerungen, die Lage (und damit die Miete) auch dann noch im Griff zu haben, stoßen auf taube Ohren.

Weiter geht's mit der Suche, und diesmal wird's sogar intim. »Und wie machen Sie das dann mit Herrenbesuch?«, will ein Makler von uns wissen.

Die Frage ist uns dann doch zu persönlich, und wir verzichten freiwillig auf die Wohnung.

Kurz vorm Aufgeben geraten wir dann doch noch an ein junges Vermieterpaar, die sich von unserem Projekt begeistern lassen. »Eine coole Idee. Das könnte ich mir im Alter auch vorstellen«, meint die Frau und wirft ihrem Mann einen langen Blick zu.

»Okay«, meint der. »Dann sind Sie jetzt unser Testballon. Wir geben Ihnen die Wohnung, und Sie probieren das aus. Wenn's klappt, übernehmen wir Ihr Konzept auch für andere Wohneinheiten im Haus, die wir vermieten.«

Wir haben bis heute ein gutes Verhältnis zu unseren Vermietern und laden die beiden regelmäßig auf ein Tässchen Kaffee ein, damit sie sich von unserer perfekten Umsetzung überzeugen können.

Marga aus Hannover

SONNTAG, 1. DEZEMBER – TAG 274

Status quo

Wunsch: 3 oder meinetwegen auch 2 Zimmer, alles andere egal

Budget: 1500 € Kaltmiete (Doppel-Harakiri mit Anlauf)

Angerufene Makler: 36	*Erhaltene Absagen:* 35
Neue Angebote per Mail: 0	*Besichtigungen:* 112
Grad der Verzweiflung: 15 von 10	*Euphorie:* -317

Ab heute ist mir echt alles egal. Ich kann keine Makler mehr sehen. Ich kann keine Vermieter mehr sehen. Ich kann keine Mitbewerber mehr sehen. Ich kann niemanden mehr sehen. Ich kann einfach nicht mehr.
   Totale Kapitulation.
   Mit den beiden Möpsen und einem Fünfhundert-Gramm-Becher Schokosahnepudding verkrieche ich mich ins Bett und ziehe mir die Decke über den Kopf. Heute ist der erste Advent, aber das ist mir so was von egal. Kurz überlege ich, ob ich statt beim Universum eine Bestellung beim Christkind aufgeben soll, doch ich bringe die Kraft dazu nicht auf. Dann reiße

ich mich zusammen, schließe die Augen und murmele meinen Text.

Die beiden Möpse kuscheln sich an mich, als wollten sie mich trösten. Feine Jungs! Der cremige Pudding, den ich wie eine Irre in mich reinschaufele, lenkt mich ein klitzekleines bisschen von meinem Elend ab. Mit jedem Löffel werde ich wieder ein Stück mehr Leonie und damit automatisch ein Stück weniger heulendes Elend.

Gerade als ich halbwegs Frieden mit mir und meinem Schicksal geschlossen habe, läutet das Telefon.

Och nö, denke ich. Bestimmt wieder irgendeine Freundin, die mich trösten will, oder – noch schlimmer – meine Mutter mit ihren gut gemeinten Ratschlägen. Da gehe ich nicht ran. Doch der Anrufer ist hartnäckig, und als er offenbar merkt, dass keine Mailbox anspringt, klingelt er gleich noch mal durch.

Stöhnend schäle ich mich aus den Kissen und schiebe einen der Möpse zur Seite, der leise knurrt. Dann habe ich das Telefon in der Hand. »Unbekannter Anrufer«, steht da.

»Leonie Haug?«, sage ich.

»Griaß Gott, Frau Haug, do is Huaba. I meld mi auf Eana Schreib'm.«

»Was?«, blaffe ich und wähne mich an der Angel einer Call-Center-Drückerkolonne.

»Na, Eana Schreib'm wega dera Wohnung. Die kenna'S oschaugn, wenn'S meang. Mei, Eanane Hund schaugn so liab, de dad i gern kennalerna. Bringen'S de fei mid, geh?«

Nachdem ich mich von meinem ersten Schock erholt und das bayerische Gefasel übersetzt habe, kann ich nur mit Mühe ein hysterisches Glückskreischen unterdrücken. Ich mache mit der Huberin einen Termin aus, bringe selbstverständlich die liab schauenden Mops-Monster mit, die das Herz dieser Frau im Sturm erobern. Sie hatte vor Jahren selbst mal einen Mops, den Hubsi, der hat immer genauso geschaut.

Der langen Rede kurzer Sinn: Zum 1. Januar können wir in unsere Traumwohnung einziehen. Übrigens, es sind drei Zimmer mit siebzig Quadratmetern, Wohnküche, Bad mit Fenster und Wanne, Westbalkon, großem Keller, Stellplatz und netten Nachbarn. In Haidhausen. Hab ich's schon erwähnt? Haidhausen! Ohne Makler. Und das Beste: Sie kostet dreizehnhundert warm.

Danke, liebes Christkind!

DANKE!

Ohne die Offenheit und Bereitschaft vieler auskunfts-
freudiger Menschen, die ich zum Großteil vorher gar
nicht persönlich kannte, wäre diese Erfahrungssamm-
lung niemals so abwechslungsreich und vielfältig geworden. Hätte ich nur von meiner Wohnungssuche be-
richtet, wären zahlreiche wichtige Themen außen vor
geblieben. Daher danke ich euch allen sehr für die Bereitschaft, mir eure Geschichte(n) zu erzählen, und die
Zeit, die ihr euch dafür genommen habt. Für all jene
Leser, die sich dennoch wundern, dass München in diesem Buch überrepräsentiert ist: Dort ist die Situation
wirklich am schlimmsten, und es gibt schlicht am meisten zu erzählen.

Da nicht alle von euch namentlich genannt werden wollten, seien hier stellvertretend Ivonne Kurucz,
Ramona Walk, Kathrin, Ines und Stefan, Beate, Marion
Kuchmetzki, Ursula Menzel, Mila, Linda, Christina,
Karla, Leena, Lisa, Inge, Annika, Katja, Josie und Sven
erwähnt. Manche von euch hatten so viel zu erzählen,
dass sie glatt ein eigenes Buch hätten schreiben können.
Umso froher bin ich, dass ihr mir eure zum Teil un-
glaublichen Storys anvertraut habt und hier mehrfach
vertreten seid, statt mir und meinen »Möpsen« Konkurrenz zu machen.

Danke auch an Karina und Sylvia für den schönen Grillabend in eurer schicken neuen Wohnung sowie Franca, Jeanette und Kerstin, die zwischen all den Gängen noch genügend Zeit gefunden haben, um mir von ihren Erfahrungen zu berichten.

Ich danke Stefanie Menzel, deren Umzugsstorys den letzten Anstoß zu diesem Projekt gegeben haben. Wofür so ein Hin und Her zwischen zwei Städten gut sein kann...

Vielen Dank, liebe Leopoldin, für dein wieder mal pfundiges Boarisch-Korrektorat.

Ein besonderes Dankeschön geht an Stefanie Stark von *stark! Büroservice*, die beste Tippse und Recherchöse nördlich des Weißwurstäquators, die einen rundherum tollen Job gemacht hat. Ich kann die Frau nur empfehlen!

Last, but not least danke ich Wiebke Rossa von Blanvalet für den Special Support, ihre Geduld und ihr einzigartiges Talent für kreative Betreffzeilen von E-Mails.

ANHANG

Hilfe und Auskunft

Deutscher Mieterbund

Zu finden unter www.mieterbund.de, Dachverband von bundesweit 320 Mietervereinen, die über PLZ-Suche zu ermitteln sind. Bietet wertvolle Tipps, Hilfe bei Fragen, Rechtsberatung und u. a. Mustermietvertrag, Übergabeprotokoll oder Betriebskostenspiegel zum Download. Beratung entweder über die kostenpflichtige Hotline, vor Ort in einem der angeschlossenen Vereine oder per kostenpflichtiger Online-Beratung über www.mieterbund24.de, für Mitglieder Kostenvorteile.

Verbraucherzentralen

Gibt es in allen Bundesländern, zu finden unter www.verbraucherzentrale.de. Man kann zwischen telefonischer, persönlicher und E-Mail-Beratung wählen, wobei alle gängigen Themen rund ums Mietrecht abgedeckt werden. Die Beratung ist kostenpflichtig.

Interessenverband Mieterschutz e. V.

Zu finden unter www.mieterberatung.de, Büros in mehreren deutschen Großstädten, vorwiegend tele-

fonische Beratung, u. a. bei Kündigung oder Mieterhöhung. Auch hier ist eine Mitgliedschaft möglich.

Deutsche Anwaltshotline
Zu finden unter www.deutsche-anwaltshotline.de.
Telefonische Rechtsberatung über eine 0900-Hot-
line (1,99 €/Minute) zu Mietfragen, kostenpflichtige
Rechtsberatung rund ums Mietrecht sowie E-Mail-Be-
ratung.

Buchstabensalat – Die gängigsten Abkürzungen in Wohnungsanzeigen

A wie…

AB	Altbau
Abl.	Ablöse
Abst.	Abstandszahlung
AK	Abstellkammer
App.	Apartment
AR	Abstellraum
Aufz./AZ	Aufzug
AWC	Außen-WC

B wie…

B/Bd.	Bad
BAB	Bundesautobahn
BaWa/BW	Badewanne
Bes.	Besichtigung
Bez.	Bezirk
bezugsf.	bezugsfertig
Bj/BJ	Baujahr
BK	Betriebskosten
BKVZ	Betriebskostenvorauszahlung
BLK/Blk.	Balkon

Bung.	Bungalow
bzb.	beziehbar

C wie ...

CP/Cp.	Carport
Court./Ct.	Courtage

D wie ...

D/Du.	Dusche
DB	Duschbad
DG	Dachgeschoss
DH	Doppelhaus
DHH	Doppelhaushälfte
Do.-Gge.	Doppelgarage
DT	Dachterrasse

E wie ...

EB	Erstbezug
EBK	Einbauküche
EFH	Einfamilienhaus
EG	Erdgeschoss
E-hzg.	Elektroheizung
ELW	Einliegerwohnung
E-Schr.	Einbauschrank
Et./Etg.	Etage
ET-Whg.	Etagenwohnung
ex./exkl.	exklusive
EZW	Einzimmerwohnung

F wie ...

FB-Hzg.	Fußbodenheizung
FP	Fixpreis

Freist.	Freistehendes Haus
FW	Fernwärme

G wie ...

Ga.Ant./	
Gartant.	Gartenanteil
Gart.	Garten
Garths.	Gartenhaus
GEH	Gasetagenheizung
Gem.Ant.	Gemeinschaftsantenne
Gge.	Garage
GS	Geschirrspülmaschine
Grd./Grdst.	Grundstück
G-WC	Gäste-WC

H wie ...

Hat./HAT	Haustier
HH/HtH	Hinterhaus
HK	Heizkosten
HMS	Hausmeisterservice
HMV	Hauptmietvertrag
Hob./Hob.-R.	Hobbyraum
hochw.	hochwertig
HP	Hochparterre
HWR	Hauswirtschaftsraum
Hzg./HZG	Heizung

J wie ...

JM	Jahresmiete

K wie ...

Ka.	Kamin
Kaut.	Kaution
KDB	Küche, Dusche, Bad
Kel.	Keller
kfr.	kurzfristig
Kizi/Kzi	Kinderzimmer
KM	Kaltmiete
Kochn./KoNi.	Kochnische
kpt.	komplett
KR	Kellerraum
Kt./KT	Kaution
Kü.	Küche

L wie ...

L	Lift
Lam.	Laminat
Lg.	Lage

M wie ...

Man./Mans.	Mansarde
MC	Maklercourtage
m. F.	mit Fenster
MFH	Mehrfamilienhaus
MKM	Monatskaltmiete
MM	Monatsmiete
möbl.	möbliert
mtl.	monatlich
MV	Mietvertrag

N wie...

n. A.	nach Absprache
NB	Neubau
NK	Nebenkosten
NKM	Nettokaltmiete
NM	Nachmieter
NR	Nichtraucher
NSP	Nachtstromspeicher-heizung
Nutzfl./Nfl.	Nutzfläche
N.-Wfl.	Nettowohnfläche

O wie...

Obj.	Objekt
OG	Obergeschoss
OH	Ofenheizung
Ölh.	Ölheizung
ÖZH	Ölzentralheizung

P wie...

p. a.	pro Jahr
Part.	Parterre
Pk./PK	Parkett
PP	Parkplatz
prov.-fr.	provisionsfrei
Prov./PV	Provision

R wie...

RDM	Ring Deutscher Makler
REH	Reihenendhaus
ren.	renoviert
ren.-bed.	renovierungsbedürftig

RH	Reihenhaus
RMH	Reihenmittelhaus

S wie…

San.-Obj.	Sanierungsobjekt
S-Balk.	Südbalkon
sep.	separat
sof./sof.fr.	sofort frei
Sout.	Souterrain
Spei.	Speicher
SPK	Speisekammer
SP/Stpl.	Stellplatz
SZ/S-Zi.	Schlafzimmer

T wie…

TB/TLB	Tageslichtbad
TeBo/Tep.	Teppichboden
teilmbl.	teilmöbliert
Terr.	Terrasse
TG	Tiefgarage
Tgw.	teilgewerblich

U wie…

überd.	überdacht
UG	Untergeschoss
Uml.	Umlagen
unverb.	unverbaut

V wie…

v. priv.	von privat
VB	Vollbad
VDM	Verband Deutscher Makler

VHB	Verhandlungsbasis
VHS/VS	Verhandlungssache
VK	Vollkeller
VZ	Vorauszahlung

W wie ...

WaMA/WM	Waschmaschine
WB	Wannenbad
WBS	Wohnberechtigungsschein
WE	Wohneinheit
Wfl./Wohnfl.	Wohnfläche
WG	Wohngemeinschaft
Whg.	Wohnung
WiG/Wi.-Ga.	Wintergarten
WM	Warmmiete
WoKü	Wohnküche
WW/Ww	Warmwasser
WZ/Wozi	Wohnzimmer

Z wie ...

ZFH	Zweifamilienhaus
ZH/Zhzg.	Zentralheizung
Zi/Zi.	Zimmer
ZKB	Zimmer, Küche, Bad
ZKBB	Zimmer, Küche, Bad, Balkon
ZKD	Zimmer, Küche, Duschbad
ZKBD	Zimmer, Küche, Bad, Diele
Zust.	Zustand

Sonstiges

3-Ra.-Whg.	Dreiraumwohnung
2-Zi.-Whg.	Zweizimmerwohnung
1-FH	Einfamilienhaus
4-ZW	Vierzimmerwohnung